海外取引の「困った」に答える企業法務の初動対応

飛松純一・金丸祐子 [編著]
Tobimatsu Junichi　　Kanamaru Yuko

中央経済社

は し が き

　海外での取引や事業活動に関して発生するトラブルは，本当に厄介である。日本国内でのトラブルですら頭痛の種であるのに，言語はもとより法制度や商慣習の異なる外国に関わるトラブルとなると，解決の糸口すら見いだせないような「困った」事態に陥りがちである。どの国の法律が適用されるのか，最終的にどの国の裁判所で争う必要があるのか，裁判所から勝訴判決をもらえば権利が実現できるのか，そもそも解決までにどの程度の時間と費用がかかるのか等々，トラブルの実質的内容に立ち入る以前の段階から，次々と論点・課題が立ちはだかる。

　本書は，海外取引・海外事業にまつわるトラブル全般について実務的によく問題となるトピックを集め，法的バックグラウンドがない方にも読みやすいようにQ&A形式で説明を試みたものである。理論的な議論や法令条文の解説はできるだけ最小限とし，具体例等を用いつつ，トラブル解決に携わる企業の担当者が初動対応を検討するにあたって知っておくと有益と思われる内容に徹することとした。

　関係国の法制度によって個別性の強い論点もあること等から，コンパクトかつ一貫性のある書籍にまとめることは事前の想像以上に困難な作業となり，執筆にはかなりの長期間を要することとなってしまった。編集を担当された中央経済社の川副美郷さんには最後まで面倒を見ていただいたこと，心よりお礼を申し上げる。

　企業法務に携わる方々が海外取引に関する「困った」に直面した際，本書が
少しでもその解決に貢献できればと願うものである。

　2020年5月

編著者を代表して

飛松　純一

目　次

Chapter 3 ● 紛争発生時の疑問点 ——————— 147

略　称

〔法律〕	
通則法	法の適用に関する通則法
独占禁止法	私的独占の禁止及び公正取引の確保に関する法律

〔仲裁機関〕	
国際商業会議所（ICC）	International Chamber of Commerce
アメリカ仲裁協会（AAA）	American Arbitration Association
国際紛争解決センター（ICDR）	International Centre for Dispute Resolution
ロンドン国際仲裁裁判所（LCIA）	London Court of International Arbitration
シンガポール国際仲裁センター（SIAC）	Singapore International Arbitration Centre
シンガポール国際調停センター（SIMC）	Singapore International Mediation Centre
香港国際仲裁センター（HKIAC）	Hong Kong International Arbitration Centre
日本商事仲裁協会（JCAA）	The Japan Commercial Arbitration Association

〔判例集・データベース〕	
民集	最高裁判所民事判例集
労民	労働関係民事裁判例集
判時	判例時報
判タ	判例タイムズ
ウエストロー	ウエストロー・ジャパン（データベース）

Chapter 1 ▶▶

取引先とのトラブル対応

1 取引先の与信・信用不安に関する疑問点

Q1 海外取引における与信管理

新規の海外顧客と取引を開始する予定である。与信管理等については，どのような点に留意し，どのような方法で行うべきなのか。

A

海外顧客からの支払いが滞る可能性は国内の顧客よりも一般的に高く，支払いが滞った場合の回収も難しい。また，連帯保証や担保取得を通じた信用リスクのカバーが現実的ではないことも多い。したがって，まずは，前払いやL／C（信用状）の開設を求めることで信用リスクを回避することを検討するべきである。

一方，信用調査については，日本よりも信用情報が入手しやすい国・地域も多い。また，日本と異なり，取引開始に先立って取引先に様々な情報開示を求めることが一般的な国・地域も存在する。海外の取引先に対しては，言語や距離的な問題もあって与信管理がおろそかになりがちであるが，取引開始時はもちろん，取引開始後も継続的に信用情報の収集に努めるべきである。

(1) 支払いに関する海外取引と国内取引の相違点

世界的にみると，日本は債権の回収率が最も良い国の一つである。日本では，取引に関して何らかのトラブル（納期遅れや品質問題など）が発生したり，債務者企業の資金繰り等に問題が生じたりしていない限り，請求書の期日通りに支払いが行われるのが当然の常識ともいえる。しかしながら，海外においては，特段のトラブルがなくても，また，債務者企業の資金繰り等に問題がなくても，期日通りに支払いがなされないことは日常茶飯事といってよい。

　日本ではこれまで一般的に利用されてきた約束手形による商取引の決済も，海外においてはほとんど用いられていない（もっとも，日本においても約束手形の利用は急速に減少しつつある）。外国企業との取引における決済手段は銀行振込が一般的である（米国企業の場合には小切手の郵送によることもある）。銀行振込の場合，約束手形とは異なり，期日に数日程度の遅れが生じたとしても債務者に銀行取引停止のようなペナルティは発生しないうえ，海外取引の場合，送金に要する期間や小切手が郵送される期間が一定程度必要となることもあって，日本国内の取引に比べて支払期日が遵守されにくい傾向がある。

　また，海外取引においては，毎月15日や毎月末日に支払期日を集中させて入金を管理することがさほど一般的ではなく，「請求書の日付から1カ月後」のように，請求書発行日を基準として支払期日を設定することも多い。一方，請求書を受領する外国企業の側は，請求書上の支払期日にかかわらず，自社の都合に応じた適当な日にまとめて支払いを行うこともあり，支払期日の管理は日本に比べると概してアバウトである。

　外国企業の経理担当者のマインドも，日本企業とはかなり異なると考えておいたほうがよい。たとえば，日本企業の経理担当者は，いかに正確に入出金を実行・管理するかという点に自らのミッションを設定する傾向がある。ところが，国・地域によっては，いかに支払いを減らして（あるいは遅らせて）会社の手元資金を潤沢にするかが自らのミッションだと考えているような経理担当者も存在し，督促を受けてはじめて支払手続をとったり，支払段階になってから値引き交渉などを行ったりしてくることも決して珍しくない。

(2)　回収の困難性

　外国企業からの支払いが滞った場合，債権を回収する手段は国内取引の場合よりも限定されており，かつ，その実効性にもかなりの制約がある。たとえば，民事裁判を起こして債権を回収しようとしても，日本の裁判所で外国企業に対する訴訟を提起できるのか，それとも，外国の裁判所に訴訟提起する必要があるのかという点がまず問題となる（国際裁判管轄の問題）。また，仮に首尾よ

く日本の裁判所で勝訴判決を得たとしても，外国企業が当該判決に従わなければ強制執行をせざるを得ないが，日本の裁判所の判決を外国において執行することは必ずしも容易ではない。そもそも執行の対象となる外国企業の財産を発見することも困難である。そして，こうした手続を日本や外国の弁護士に委嘱して実行させるだけでも相当の時間と費用が必要となるので，数百万円程度の債権の支払いが滞っている程度だと，さっさと回収を諦めてしまったほうが経済合理性にかなう場合もある。

(3)　事前のリスク管理の手法

　以上のような背景もあって，海外取引においては，取引先から何らかのクレームがなされたり，取引先において資金繰りに問題が生じたりした場合に限らず，明確な理由もなく支払いが滞ったり，全額の支払いが行われない等の事態が発生しやすい。そして，ひとたびこうした問題が発生してしまうと，国内取引と異なって十分な債権回収手段がとれない可能性が格段に高いため，与信管理を含めた事前のリスク管理が極めて大きな重要性を持つ。

　債権回収段階におけるトラブルを回避するための事前のリスク管理の手法としては，以下のようなものが挙げられる。

(i)　担保の取得

　支払いが滞る場合に備え，あらかじめ保証人を要求したり，取引先の資産等に対する担保設定を行ったりする対応が考えられる。

　ただし，外国においては，不動産担保や経営者の個人保証をあらかじめ取得しておくという慣行がない国・地域が多く，支払いの不履行を見越してあらかじめ適切な担保を取得しておくことが先方の理解を得られにくいことが多い。

　また，仮に担保を取得していたとしても，現実問題として当該担保権の実行が可能であるか否かを事前に検討しておかなければ，担保実行を通じた回収は絵に描いた餅となる。したがって，担保取得によって信用リスクをカバーしようとする場合には，担保の現実的な実行可能性について事前調査が不可欠であ

る。

(ⅱ)　前払いやL/Cの開設

　新規の取引先や，信用力に不安のある外国の取引先に対しては，前払いを取引の条件とすることや，L/Cの開設を要求するということが考えられる。しかし，取引先が前払いの要求に応じるかどうかはケース・バイ・ケースであろうし，L/Cの開設には一定のコストを要するというデメリットもある。

(ⅲ)　与信管理の徹底

　海外取引においては，国内取引よりも慎重な与信管理が重要であるが，国内の取引先についてはこまめに信用情報を収集・管理しているような企業でも，外国の取引先については，信用情報の収集をはじめから諦め，取引先の会社案内やウェブサイトの情報程度を収集する程度で取引を開始してしまっているケースも多い。また，取引開始のきっかけが他社からの紹介であったり，当初は商社を介して取引していたりすることが背景となって，主体的な信用調査が甘くなる傾向も見受けられる。

　日本企業にとっては，外国企業の信用情報の入手は極めてハードルが高いように思われがちであるが，実際には，外国における各種の信用情報機関の活動は極めて活発であり，比較的信頼性の高い信用情報が入手しやすい国・地域も存在する。したがって，新規顧客と取引を開始する際には，当該顧客の所在国における信用情報の入手方法について調査し，合理的な範囲での信用情報を入手しておくべきである。また，取引開始時点のみならず，随時，あるいは一定期間の経過ごとに信用情報の再取得を行うことも検討するべきである。

Q2　信用情報等の収集方法

外国企業の信用情報等は，どのように取得すればよいか。

　ウェブサイト等を通じた公開情報の確認や社内における情報収集が出発点となる。また，当該外国企業に対してCredit Applicationの記入を求める方法や，銀行や取引先に対する照会を行うことも考えられる。信用調査会社からの信用情報の取得も重要である。

(1)　公開情報・社内情報の収集

　信用情報を収集するにあたっては，まずは公開情報の入手が出発点である。取引を行おうとする企業の会社案内やウェブサイトを通じた情報収集はもちろん，インターネット上で流布する各種情報や，対象企業がいずれかの証券取引所等に上場している場合にはオンラインサービス等で開示されている財務情報等も入手することが重要である。

　また，既に取引を行っている企業や，同業界・隣接業界に属している企業については，自社内部に当該企業に関連する情報や評判を保有している役職員が存在することも考えられる。定性的な情報も含め，社内で保有している取引先情報を一元的にデータベース化し，共有・アップデートが可能な体制を構築することによって，リスクが発現する前の時点で，有益な信用情報を取引担当者や与信管理の担当者が把握する可能性を高めることができる。

(2)　対象企業からの情報取得と第三者への照会

　取引の規模・重要性によっては，対象企業の訪問や役職員に対する直接の面談等を通じて得られる情報も，信用リスク管理における重要な材料となる。もっとも，国内企業とは異なり，外国企業を直接訪問することは時間や予算の

問題で難しい面もあることから，常にこうした手法が利用できるわけではない。

　そこで，新たに取引を開始しようとする取引先に対しては，企業の状況について説明させる趣旨で一律にCredit Application（与信取引申請書）の提出を求めるという手法が考えられる。日本では取引先（顧客）に対してこのような書類の提出を求めることはさほど一般的ではないが（仕入先や下請に対して提出させることはある），欧米においては比較的よく見られる実務であり，外国企業の場合にはさしたる抵抗感なく提出に応じてもらえることも多い。もちろん，こうした書類の提出になじみのない国・地域の取引先からは提出に難色を示されることもありうるが，こうした情報開示の要請に対する先方の対応を通じて，先方の誠実さや信頼性を確認する一助にもなる。

　Credit Applicationの記載事項には一律の決まりがあるわけではなく，正式名称や所在地・連絡先のほか，担当者名，主要株主，主要財務情報のほか，こちらからの信用照会に応じる取引銀行や主要取引先を記載してもらうことが有益である。添付資料として，日本における商業登記に相当するCompany Registration等の写しを添付してもらうとよい。また，外国企業の場合は役職員の入退社が頻繁であることが多く，担当者交代の際に適切な引継ぎがなされないこともしばしばであることから，担当者名についてはあらかじめ複数記載してもらうことが望ましい（購買担当者およびその上司のほか，経理担当者などの連絡先も取得しておくと便利である）。また，こうした事項については，社内において定期的なアップデートを行う事務フローを確立しておくことが望ましい。

(3)　信用調査会社の活用

　国内の取引先等の信用調査に際しては，帝国データバンクや東京商工リサーチ等の提供する調査レポートを活用している企業が一般的であるが，外国の取引先の信用調査においても，こうした信用調査会社を活用することを検討するべきである。上記のような国内の会社であれば，外国の調査会社との提携関係等を通じて外国企業の調査にも応じてもらうことが可能であるし，最近は外国

の調査会社も独自に日本企業向けに外国企業の情報を提供するサービスを展開するようになってきている。インターネット上のウェブサイトを通じて低価格かつ手軽に外国企業の情報を提供している会社もあれば，外国政府の情報機関等の出身者のネットワークを活用するなどの方法により，より深い企業情報をオーダーメイドで調査することを得意とする企業も存在するなど，以前よりも選択肢の幅は広がっている。欧米においては，匿名ベースで信用情報を交換する商慣行が比較的広く根付いており，日本国内の企業に比べると相対的に確度の高い，具体的な信用情報が入手できる傾向にある。

(4)　カントリーリスク等の考慮

　外国の取引先については，個別企業の評価のみならず，当該企業が属する国・地域のカントリーリスクを考慮することも重要である。この点に関しては，OECD（経済協力開発機構）のカントリーリスク専門家会合における評価をもとにしてNEXI（株式会社日本貿易保険）が決定しているリスク・カテゴリーがある。NEXIは日本企業の海外取引をめぐる回収不能リスク等をカバーする保険を提供する特殊会社であるから，カントリーリスクを判断する際の目安として大いに参考になる。アジアについてみると，カテゴリーAとされているのは日本とシンガポールの2カ国のみ，韓国はカテゴリーB，中国はカテゴリーC，タイがカテゴリーD，ベトナムはカテゴリーF，という具合になっている（本書執筆時点）。

　また，いざトラブルが生じた際，取引先所在国において適切な対応が可能となるような自社の体制が確保されているのか，という点も考慮すべきファクターである。取引先所在国（またはその周辺）における自社拠点・提携先の有無はもちろん，現地弁護士等のコネクションの有無，言語的・文化的障壁なども総合的に考慮して，取引の可否・規模を判断するべきである。

Q3 国外の取引先が倒産したときの対応

当社の国外の取引先が倒産したとの情報を得た。当社からは売掛金の残高があるうえ，当社商品も当該取引先の倉庫に大量に保管されている状況にある。また，当社は，当該取引先に対して別の取引に関する債務を有している。どのように対応するべきか。

A

まず，現地の法的倒産手続開始の有無を確認する必要がある。

法的倒産手続が開始されていなかった場合には，個別の債権回収の可能性を探るべきである。また，自社が取引先に対して何らかの債務を負っており，相殺の余地があるのであれば，相殺通知を送っておくことを検討するべきである。

他方，既に法的倒産手続が開始されている場合には，当該手続への参加，または，手続外での権利行使の可能性について，現地の弁護士に相談しながら検討する必要がある。

いずれのケースにおいても，取引先が日本国内に財産を有しているのであれば，速やかに当該資産に対する保全手続を検討するべきである。

(1) 海外取引先倒産時の対応

海外取引先が倒産したという場合，それが法的倒産手続の開始を意味するのかどうかがまず問題となる。

まだ法的倒産手続が開始されておらず，事実上の倒産状態にとどまるということであれば，どのように債権を回収するかが問題となる。

他方，既に現地で法的倒産手続が開始されているのであれば，当該手続にどのように参加するか，また当該手続において自社の債権がどのような保護・扱いを受けるかを確認しておく必要がある。

以下，順に概説する。

(2)　法的倒産手続の開始の有無の確認

　「海外取引先が倒産した」という情報を得た場合，それが現地で法的倒産手続が開始されたという意味なのか，事実上の倒産状態に至ったという意味なのかによって，考えられる法的手段が異なってくるため，この点は最初に確認すべきである。外国での法的倒産手続の開始の有無は，その国の弁護士等でなければ確認が困難なこともあるので，早めに現地の弁護士に相談すべきである。

(3)　法的倒産手続が開始していない場合

　前記(2)の確認の結果，まだ法的倒産手続が開始していないことが判明した場合には，早急に個別の債権回収を試みるべきである。

(i)　債権回収方法

　具体的な個別の債権回収の方法としては，まずはレター（通知書等）を送付することにより，債権の履行を催告する，適切な解除条項があればそれに基づき契約を解除し引き渡した商品の返還を請求するといった方法が考えられる（外国企業にレターを送付する際の注意点についてはＱ31参照）。しかし，倒産情報が出回った後の段階でレターが先方に受領される状態にあるかは疑問であるし，受領されたとしても任意の履行はあまり期待できない。

　したがって，倒産局面においては，レターを作成・送付し，その回答を漫然と待つことに時間を費やすよりも，債権回収を最大化するために相手方の資産の保全を図る手段がないかを直接検討したほうがよい場合が多いと思われる。特に，相手方が日本国内に資産を持っている場合には（日本国内の企業に対する売掛債権など），速やかに当該資産の保全を検討するべきである。債権回収の引当となる財産を保全することなく訴訟や仲裁を行い，強制執行を行ったとしても，強制執行によって債権を回収できるだけの財産が取引先になければ費用倒れとなることに留意すべきである。仮に債権につき担保権を有していた場合には，その担保権実行を試みるべきであるし，反対債務を負っている場合には，自社の有する債権残高との相殺を実行することが考えられる。

　相殺は基本的に意思表示だけで効力が発生するので，極めて簡便・ローコストな債権回収方法である。ただし，相殺の準拠法については，通則法等の国際私法に定めがなく，解釈に委ねられている。この点，相殺が２つの債権を消滅させる行為であることから，相殺の意思表示をする側の債権（自働債権）の準拠法と相殺の意思表示を受ける側の債権（受働債権）の準拠法がいずれも累積的に適用され，両方の準拠法上相殺の効力が発生する場合のみ相殺は有効であるとの見解が通説とされている。したがって，いずれかの債権の準拠法が日本法ではなく外国法であるとすれば，外国弁護士等を通じて当該外国法における相殺の要件を確認し，それに従って相殺を行う必要がある。もっとも，債権回収の局面においてはスピードが重要であるから，相殺の有効性に一定の疑問が残る場合であっても，ひとまず早期に相殺の意思表示だけは行っておくという判断もありうる。

(ii) 倒産手続開始後の否認等の可能性

　現時点では法的倒産手続が申し立てられておらず，または開始していないとしても，その後に実際に法的倒産手続が開始される場合がある。この場合，現地の裁判所の保全命令等によって相手方の財産を保全していたとしても，当該保全手続が中止・失効させられることが一般的である。また，仮に債権回収に成功していたとしても，事後に法的倒産手続が開始された場合，債権回収について否認権が行使され，その効力が否定される可能性があることにも留意する必要がある（もっとも，既に現実に回収まで完了している場合には，後から否認されたとしても日本に否認の効力を及ぼされる可能性は事実上低いであろう）。現地の弁護士に対しては，このような事後的な否認等の可能性も含めたアドバイスをもらっておく必要がある。

　なお，相殺については，準拠法のいかんを問わず，倒産手続開始前から自社が反対債務を負っていた場合であれば，否認権の対象とならないことが一般的である。これは，反対債務を負っている債権者には倒産手続開始前から相殺の担保的機能に対する期待が発生しており，かかる期待を保護すべきと考えられ

ているからである。

(4)　既に現地で法的倒産手続が開始されている場合

　前記(2)の確認の結果，既に現地で法的倒産手続が開始されていることが判明した場合，基本的には，現地の法的倒産手続に参加する，または，法的倒産手続外で債権回収する権利が与えられる場合にはその権利を行使することを検討すべきである。具体的にいかなる手段があるかは，適用される倒産実体法に従って決定されることとなる。

(i)　倒産実体法の準拠法

　まず，いかなる国の倒産実体法が適用されるのかという準拠法の問題がある。一般に，倒産実体法については，倒産手続開始国法を準拠法とすべきと考えられている。したがって，現地で倒産手続が開始されている場合には，現地の倒産実体法が適用されることとなる。現地の倒産実体法の内容については，早期に現地の弁護士に相談することが有益である。

(ii)　倒産手続への参加，担保権実行と相殺

　現地の倒産手続に対しては，一般的には，以下のとおり対応すべきである。
　すなわち，担保権を有しない一般債権者である場合には，現地法が定める方法・期限等を遵守し，現地の倒産手続に参加する。倒産手続に参加すると，倒産手続が係属している現地の裁判所に債権を届け出，債務者の責任財産を換価処分して得られた原資から，債権額に応じて割合的に配当を受けることとなる。このような現地の倒産手続への参加については，現地の弁護士に相談しつつ行うことが望ましい。特に，外国の倒産手続においては，日本を含む国外の債権者に対して倒産手続への参加に関する各種手続書面が送られて来ないことも多く（書面が送られてきても，書面を受領した時点では既に手続期限が経過していることもある），債権者側から早期かつ積極的に手続参加をしていく姿勢が重要である。

 他方，担保権を有していたり，反対債務を負っていたりする場合，倒産手続に参加せずに当該担保権を実行したり，反対債務を利用して相殺を行ったりできる可能性があるため，倒産手続開始地の法制度について確認が必要である。

(ⅲ) 相手方が日本国内に財産を有する場合

 法的倒産手続が開始されると，一般的には訴訟・保全・執行は行えなくなるが，そのような効力が及ぶのは，手続開始国の域内にとどまる（仮に日本に効力を及ぼそうとするならば，現地の倒産管財人が，東京地方裁判所に対し，外国倒産処理手続の承認申立てを行い，承認決定を受ける必要がある）。したがって，相手方が日本国内に財産を有しているのであれば，当該財産が外国の法的倒産手続に自動的に服するわけではないため，速やかに当該資産の仮差押え等の保全手続をとることも視野に入れるべきである。

(5) 設問の場合

 設問のケースでは，まずは現地の弁護士に相談する等の方法により，法的倒産手続開始の有無を確認することになる。

 法的倒産手続が開始されていなければ，相殺については速やかに行ったうえで，残債権について任意での債権回収や担保権実行を試みるべきである。なお，相殺するにあたっては，現地法により，相殺の意思表示に特別な方式が求められているか，相殺の要件が日本におけるそれよりも厳しいものか，といった点を確認するべきである。

 法的倒産手続が開始されていれば，現地の弁護士等の助言に従い，法的倒産手続に参加するか，当該手続外で担保権実行や相殺を行うかを検討することになる。なお，設問の債権者は日本法の考え方からすれば売主の動産先取特権を有する可能性があるが，物権の準拠法については目的物所在地法に基づき決定されるから（Q12），商品所在地の弁護士に相談し，類似の担保権の発生の可能性について検討する必要がある。

 法的倒産手続の開始の有無を問わず，相手方が日本国内に財産を有している

のであれば，速やかに当該資産の保全手続を検討するべきである。

Q4　国外の取引先に対する保全手続

　国外の取引先が代金を支払わないので，法的手続をとろうと思っている。相手方の資力に不安があるので，少なくとも現時点で取引先が保有している財産については費消や隠匿を防ぎたいが，どのような手段をとることができるか。

A

　裁判の判決や仲裁判断に先立ち，裁判上の仮差押え手続や仲裁機関による暫定的保全措置を講ずることによって，相手方の財産を保全し，その流出や隠匿を防止することができる。

(1)　財産を仮に差し押さえる方法

　取引先が代金を支払わないような場合に，確実に債権を回収するため，訴訟での判決や仲裁判断に先立って，相手方の財産を保全しておく必要があるケースがある。たとえば，代金を求める相手に土地や建物，預金などの財産があったとしても，判決や仲裁判断が出る前に，土地や建物を誰かに売られてしまったり，預金を引き出して隠されてしまったりすれば，仮に訴訟や仲裁で勝ったとしてもお金を回収することは事実上できなくなってしまう。特に取引先が国外に所在するケースでは，日本企業にとってその保有財産を把握することが容易でないうえ，仮に訴訟を外国裁判所で行う必要がある場合には一般に国内裁判に比べて判決を得るまでに長期を要することから，取引先にとっては財産の隠匿が容易であり，回収が不能となるリスクが一層高い。

　そこで，相手方の財産の散逸を防止するために，裁判所に申し立てて，相手方の財産を仮に差し押さえてもらう手続が用意されている。我が国におけるこの手続は「仮差押え」と呼ばれるものであり，「民事保全」という手続の一種として認められている。

　このような裁判所を利用する「仮差押え」に対し，仲裁機関を利用した同様の手続も存在する。これは，「暫定保全措置」と呼ばれる手続であるが，利用できる措置の具体的な種類は仲裁機関によって異なる。そのため，利用する仲裁機関（仲裁合意で仲裁機関の指定があるときは当該仲裁機関）において利用できる暫定保全措置の種類について確認が必要である。

(2)　裁判上の仮差押え手続とその管轄裁判所

　仲裁機関を利用する暫定保全措置の場合，仲裁合意で選択されている仲裁機関に申立てを行えばよく，申立てを行う機関が明らかである。これに対し，裁判所を利用した仮差押え手続の場合には，訴訟と同様，どの裁判所が管轄を有するかという問題が生じる（裁判管轄についてはQ13参照）。

　日本企業が国外の企業を相手方として仮差押えを申し立てるようなケースにおいて，どのような場合に日本の裁判所が管轄を有するかについては，民事保全法11条が規定している。すなわち，国外の当事者を含む仮差押えを日本の裁判所に申し立てることができるのは，以下の①または②のいずれかに該当する場合である。

> ①　本案の管轄裁判所が日本にあるとき
> ②　差押えの対象物が日本国内にあるとき

　上記①は，本案，すなわち，仮差押えの後に予定している法律関係を最終的に確定する訴訟手続の裁判管轄が日本の裁判所にある場合である。ここでいう「本案」には，裁判手続のみならず，仲裁手続も含まれると考えられているため，仲裁合意によって日本国内が仲裁地として定められている場合には，「本案の管轄裁判所」が日本にあるといえる。逆に，仲裁合意において日本以外の国が仲裁地として選択されている場合には，上記①には当たらない。実際上，国外の取引先企業との間では，取引先企業が所在する国の裁判所が裁判管轄を有する旨が合意されていたり，仲裁合意で第三国が仲裁地として選択されていたりと，上記①に該当しないケースが少なくないであろう。

　上記②は，差押えの対象となる相手方の土地や建物，預金などが日本国内にある場合である。

　仮に上記①と②のいずれにも該当しないとなれば，原則として，日本の裁判所に仮差押えの手続に関する裁判管轄は認められない。そのような場合であっても，「我が国で裁判を行うことが当事者間の公平，裁判の適正・迅速を期するという理念に沿う特段の事情」があれば日本に裁判管轄を認められると判断された事例も過去に存在する。もっとも，具体的にどのようなケースがこれに当たると判断されるのかはあまり明らかではない。

　いずれにせよ，日本国内に差押えの対象物がない場合（上記②に該当しない場合），日本の裁判所において仮差押え命令を取得したとしてもそれを海外において執行することは一般的には困難であるし，少なくともかなりの時間を要することが想定される。したがって，差押えの対象となりうるような取引先企業の財産が日本国内に存在しない場合（上記②に該当しない場合），上記①に該当したとしても，日本の裁判所の仮差押え命令を取得するより，取引先企業の財産が所在する国の裁判所での仮差押えに相当する手続や，（仲裁合意がある場合は）仲裁手続における暫定保全措置を講じるほうが，得策であることもある。

(3)　仲裁機関を利用した暫定保全措置

　仲裁機関における財産保全手続である暫定保全措置には，以下のとおり，仲裁廷によるものと，緊急仲裁人によるものの2つが存在する。

(i)　仲裁廷による暫定保全措置

　まず，仲裁廷が，終局判断を下す前に，仲裁判断の強制執行対象を確保するための命令を命じるというタイプの暫定保全措置がある。

　この措置は，仲裁廷が構成された後でなければ利用することができない（仲裁手続の流れについてはQ40参照）。したがって，暫定保全措置を利用する前に，まず仲裁手続を開始する必要があり，しかも，仲裁手続が開始されてから

仲裁廷が構成されるまで数カ月以上の期間を要することもあるため，その期間は，暫定保全措置を得ることはできない。相手方の財産を事前に凍結して隠ぺい・散逸を防止するという目的からは，相手方に仲裁手続の申立てを知られるだけでも財産の隠ぺいの可能性が高まってしまうし，その後も数カ月間は命令が出ないということでは財産保全の実効性がないことも懸念される。こうした点は，仲裁廷による暫定保全措置の大きなデメリットである。

(ii)　緊急仲裁人による暫定保全措置

　上記のように，仲裁廷による暫定保全措置が迅速性の観点からは不十分であることから，仲裁廷が構成される前であっても利用可能な暫定保全措置として，緊急仲裁人による暫定保全措置が導入され，現在では多くの仲裁機関で利用することができる。

　もっとも，利用する仲裁機関が国際仲裁裁判所（ICC）または香港国際仲裁センター（HKIAC）である場合，これらの仲裁機関において緊急仲裁人による暫定保全措置の利用が認められるためには，この措置がそれぞれの仲裁規則において導入された時期以降に仲裁合意が成立していることが必要である。つまり，緊急仲裁人の制度が導入されたのは，ICCにおいては2012年1月1日，HKIACにおいては2013年11月1日であるから，仲裁合意がその時期以降に成立していなければ，緊急仲裁人による暫定保全措置を申し立てることができない。ただし，緊急仲裁人の暫定保全措置を適用することが明示的に合意されている場合には，仲裁合意自体が上記の時期より前に成立していたとしてもこの措置を利用することができる。

　他方，利用する仲裁機関がシンガポール国際仲裁センター（SIAC）または日本商事仲裁協会（JCAA）の場合は，仲裁合意の成立時期にかかわらず暫定保全措置の利用が可能である。なお，上記のいずれの暫定保全措置も，仲裁合意においてあらかじめ規定することにより利用を排除しておくことが可能である。特に，緊急仲裁人による暫定保全措置は，申立てを受けた相手方にとっては，短期間での対応が必要となる負担の大きな手続であるため，自社から申立

てをする必要性が生じないことが予測される場合には，仲裁合意を締結する時点で（取引契約に仲裁条項を入れる時点で），緊急仲裁人による暫定保全措置を排除する旨をあえて規定しておくことも考えられる。

　また，国内法において仲裁廷による保全命令に執行力を付与する規定を整備しているシンガポール，香港など，暫定保全措置に裁判上の保全命令と同様の効力を認める国も増えている一方で，暫定保全措置の効力は国によって扱いが異なり，強制執行が認められない国もある。仲裁廷による保全命令を遵守しない場合，その後の仲裁判断に向けた審理において仲裁廷の心証に大きなマイナスを与えるため，事実上の強制力は存在するものの，法的効力の有無と執行の可否に関しては，国ごとに個別の確認が必要であるという点には注意しておくべきである。

(4) 仮差押え・暫定保全措置申立て時の留意点

　取引先企業の財産が所在する外国の裁判所に対して仮差押え手続を申し立てるためには，当該国の弁護士の助力を得ることが不可欠である。また，仲裁合意があり，仲裁機関の暫定保全措置の利用が可能な場合にも，暫定保全措置の現実的な実効性がどの程度認められるか，暫定保全措置ではなく裁判上の保全手続を選択すべき場面ではないか（仲裁合意があっても裁判上の保全手続の利用は必ずしも排斥されない）等，現地の法制度や実情を踏まえて申立ての実益があるか否かを十分に検討すべきである。取引先企業がどのような財産を保有しているかが明らかではない場合も多いと思われるため，必要に応じて，専門の調査会社に調査を依頼するなど，事前に取引先企業の資産調査を実施することも検討すべきである。

2　取引先との契約締結時の疑問点

Q5　契約書を作成しないことのリスク

　長年にわたって外国企業と取引を継続してきたが，いつも受発注書ベースでのやり取りで，正式な契約書は作成していない。書面で正式な契約書を作成しておくべきか。作成しないことのリスクをどのように考えたらよいか。

$\boxed{\text{A}}$

　これまで特段のトラブルが生じていないとしても，今後の個別の受発注に関してトラブルが発生することを想定し，過去の実務慣行を踏まえた契約書を作成し，相手方企業のサインをもらっておくべきである。たとえこれまでの実務慣行が確立している事項であっても，契約書で規定されていなければ遵守する義務がないと主張されるのが，国際的なビジネスにおける常識である。

(1)　契約書作成の意味

　日本国内でビジネスを行う場合，取引にあたって契約書を作成するか否か，作成するとしてどの程度の詳しさのものとするかについては，業界・業種によってもかなりの違いが存在する。それなりに大きな金額の取引であっても，契約書によって取引条件を仔細に取り決めることなく，受発注書や，場合によっては電話・ファックス・電子メール等の手段によるやり取りだけで取引を実行するケースも見られる。

　日本の民法においては，契約は書面によることが要求されておらず，法的には，単なる口約束でも契約としては有効に成立する。このため，取引にあたって契約書が作成されていなかったとしても，取引契約が無効であるとか，不存

在であるとかいった問題は理論的には発生しない。また，契約条件についてあらかじめ細かく取り決めていなくても，過去の実務慣行から黙示の合意が推認されることが期待できるし，仮にそのような合意が認められなくても，日本法に基づいた処理であればいずれの当事者にとっても比較的受け入れやすい結論が導かれることが多い。

(2)　海外取引と契約書

　外国企業との取引を行う場合でも，契約書を作成しないままに取引が実行され，継続されているという事例は数多く存在する。しかし，以下の理由から，海外取引の場合，双方の署名のある契約書の作成を行うことは必須であると考えておくべきである。

(i)　契約の成立および有効性

　日本法では契約の締結に際して書面の作成等の要式性が必要とされていないが，国によっては契約の締結について一定の要式が求められている場合がある。契約書が作成されていない場合，後日になって，契約が有効に成立していない等の主張を誘発する可能性があるため，このような問題を排除しておくべきである。

(ii)　立証の容易さ

　日本国内の取引の場合でも同様であるが，口頭やメールのやり取り等で何らかの条件を合意していたとしても，トラブル発生時にそれが契約の内容になっていることを立証することに困難が生じる場合がある。このような条件については，あらかじめ契約書を作成して，内容に盛り込んでおくべきである。

(iii)　相手方企業に対する抑止力

　海外ビジネスの場合，法律のみならず文化的背景まで異なる企業を相手方とすることになる。契約書がないことを都合よく利用して，後日，日本人からは

想像もつかないような主張が繰り出されることもしばしば存在する。書面での契約書が作成されている場合，こうした突飛な主張を行うことに対する一定の抑止力が期待できる。もちろん，契約書を無視するような主張が外国企業から繰り出されることもあるが，契約書がなければなおさらそのような主張がなされる可能性は高い。

⑶　基本契約書の重要性

　継続的な取引を行う場合，初回取引の開始前の時点で（あるいは，少なくとも取引開始後速やかに）取引基本契約書を作成・締結しておくべきである。個別の取引ごとに取引条件が異なる場合もあるが，基本契約書において原則的な条件を定めつつ，個別の受発注書に異なる定めの記載があれば当該記載を優先することを基本契約書に含めておけば特段の問題は生じないから，基本契約書においてできるだけ多くの契約条件に関して原則的な内容を取り決めておくべきである。

⑷　契約書作成のプロセス

　契約書を作成する場合，どちらの当事者がファーストドラフト（最初の原案）を作成するかが問題となる。多くの海外取引においては英語で契約書を作成することになるため，ともすれば日本企業がファーストドラフトを作成することには消極的になりがちであるが，契約書の基本構造を自社にとって有利に定めておくことはその後の個別の条項の交渉において極めて有利なので，可能な限りファーストドラフトを自社から提案することとし，交渉のイニシアティブを獲得するべきである。

⑸　契約書の作成に応じてもらえない場合

　欧米企業の場合にはあまり見られないが，その他の地域の外国企業の場合，「信頼関係に基づいた取引を行うべきである」といったことを言い訳として契約書の作成に難色を示してくる場合もある。しかし，そのような相手方に対し

ては，なおさら契約書作成の必要性が高いと考えなければならない。取引規模・金額が自社にとって許容できる程度のリスクに収まるものであれば別であるが，そうではない場合には契約書の作成を取引開始の条件として要求するべきである。どうしても調印に応じない場合には，自社が合理的と考える取引条件を書面で相手方に送付し，後日のために，送付した事実の客観的な記録を残しておくべきである（このような一方的な取引条件の通知の効果についてはQ7参照）。

(6)　原本の交換の要否

　直接面談して契約書にサイン（調印）する場合にはその場で契約書2通を作成して原本を交換できるが，海外取引の場合，電子メールや国際電話・ファックスのやり取りだけで契約交渉を行い，面談して契約書にサイン（調印）することができない場合も多い。国内取引であれば，後日，普通郵便や配達証明付郵便等で契約書の原本を交換することも比較的容易である。しかし，海外取引の場合にもこうしたプロセスが必要であるかどうかが問題となる。契約の成立に関して書面（契約書）の作成が必要とされるか否かは各国の法律によって違いがあるため難しい問題であるが，一般論としては，相手方企業の実在性に疑いがなく（欧米先進国の名の通った企業や，過去に取引実績がある企業など），交渉窓口が相手方企業の権限者であることが明確であるケースであれば，電子メールを通じて契約書のPDFファイルのような電子データを交換するだけで足りると思われる（少なくとも日本法が準拠法とされている場合は，原本の交換なしに契約の成立が認められる。ただし，金額規模や契約の重要性によっては，やはり原本の交換を行っておくべきであろう）。一方，過去に取引実績のない発展途上国の企業のようなケースについては，念のため，原本の交換を行っておくべきであると思われる。

　なお，海外取引においては，契約書にサインする場合，それぞれの当事者が自社の手元にある紙の契約書（内容は同一のもの）に別々にサインし，電子メールや郵便等の手段でそれを交換するという手法をとることがよく見られる。

この結果，それぞれの当事者のサインは別々の書面になされ，双方のサインが一通の書面には揃わないこととなるが，このような締結方法を許容する旨の条項（Counterparts条項）を契約書に置くことにより，契約としては有効に成立していると一般的に考えられている。

　Counterparts条項の典型的な例は，以下のようなものである。

> **Counterparts.**　This Agreement may be executed in one or more counterparts, each of which shall be deemed to be an original, but all of which together will constitute one and the same Agreement.

Q6 サインによる契約締結の留意点

> 外国企業との契約では，印鑑ではなくサインによって締結するのが通常
> だが，何か留意しておくべき点はあるか。

A

　契約締結交渉の段階で，それぞれの当事者から誰が署名者となるかについて
事前に伝えておき，締結の段階でトラブルにならないように備えるべきである。
また，相手方当事者となる外国企業から，正当な契約締結権限を有する人物に
よるサインを確実に取得できるよう，事案に応じて方策を検討しておくべきで
ある。

(1) 海外取引における印鑑利用

　日本の一般的な株式会社の場合，会社を代表するのは代表取締役である。そ
して，国内取引においては，比較的重要性の高くない契約書を締結するときで
あっても，代表取締役名義の記名とともに法務局等に登録されたいわゆる「実
印」が押印されることがほとんどである（ただし，大企業が定型的な契約書を
締結する際には，社内的に当該契約書の締結権限を与えられている営業本部長
等の名義のもとで役職印が押されることもある）。

　ところが，現在，日本以外の国・地域では，ビジネス文書に印鑑が使用され
ることはほぼ皆無といってよい。印鑑の発祥は中国であり，日本はもとより韓
国や台湾においても印鑑を使用する文化は広く存在していたが，ビジネスの場
面において印鑑が使用される実務はアジア圏においてもほぼ消滅している。欧
米においては，もとより契約書の締結に印鑑を使用する歴史自体が存在しない。
したがって，海外取引を行う際に印鑑が必要になることはなく，契約書締結の
際には100％サインを利用することになる。

⑵　誰が自社を代表して署名するか

　自社を代表する者として誰が契約書に署名するかという問題については，代表取締役ないし社長がサインすることに問題がないのは当然であるが，通常の取引契約である限り，担当取締役や担当執行役員によるサインであっても相手方から問題とされないケースが多い（そもそも会社の代表者を対外的に登記・登録する制度が存在しない国が多いため，契約の重要度に応じてサインをする者の肩書が異なることに違和感を持たれないのが通常である）。一方，M&A契約や金額規模等が大きい重要契約については，社長（CEO・President等）名義でサインすることが適当である（日本企業の場合，法的には「代表取締役（Representative Director）」等の名義でサインするのが法的には正しい肩書といえるが，日本との取引に不慣れな外国企業にとっては聞き慣れない肩書だとの印象を与えがちである）。

　いずれにせよ，署名者の肩書によって契約書の締結当日にトラブルになることは避けるべきである。したがって，実務的な対応としては，署名を予定している者の肩書・地位について事前に相互に連絡しておくことが妥当である（契約書ドラフトのサイン欄にあらかじめ署名予定者の肩書を記載しておくことでもよい）。

⑶　取引相手方のサインに関する留意点

　取引相手方となる外国企業に対し，どのような肩書・地位の者のサインを求めるべきかは，判断が難しい問題である。なぜなら，多くの国・地域には日本のように登記・登録された代表者という制度がなく「この人にサインしてもらえば大丈夫」という制度的な保証がないことが多いからである。外国の取引相手方から「担当のゼネラル・マネージャーが署名する」などと言われたとしても，その肩書を有する者が本当に当該契約書を締結する権限を有しているかどうかは，日本企業にとって確認が困難である（契約締結権限の問題）。先方のCEOがサインしてくれれば安心であるが，外国企業では下位の者に対する権限移譲の範囲が日本よりも大きいため，日常的な取引においては必ずしも

CEOが署名者とならないケースも多い。

　また，日本企業を取引相手方とする場合であれば，当該企業の実印を押印してもらい，印鑑証明書も取得しておけば，事実上，後日になって契約書の真正について争われる（たとえば，取引相手方から「その印鑑は当社のものではないから無効である」といった主張がなされる）といったトラブルを排除することができる。しかし，サインの場合は，たとえ社長名義のサインであっても，後日になってそれが本当に社長本人のサインであるかどうか検証することは容易ではない（偽造リスクの問題）。

　こうした問題の解決策として，以下のような方策が考えられる。ただし，相手方当事者にとって過剰な要求であると受け取られた場合には信頼関係を損なう危険があるので，事案に応じて適切な対応を選択する必要がある。

(i) 取引相手方の経営者・署名予定者等との事前の面談

　契約締結権限の問題に関しては，相手方が著名企業や大企業であればそれほど心配する必要がないことが通常であろう。しかし，あまり知られていない企業の場合，事前に取引相手方の経営者に面談し，交渉の窓口担当者や署名予定者の役割や権限について話の流れの中で確認しておく等の方法が考えられる。その際，取引相手方の事業所を訪問して面談する機会を設けておけば，信用調査の観点からも有益であるし，上記の偽造リスクもほぼ回避することができる。

(ii) 代表権限の表明

　締結しようとする契約書の条項において，署名者が契約締結権限を保持している旨を表明・保証する場合がある。仮に署名者に権限がなかった場合，（この表明・保証を行う権限も有していなかったことになるため）法人としての取引相手方に対して表明・保証違反を問うことは困難だと思われるが，署名者に対する個人責任を発生させうることから，権限の逸脱に対する抑止的な効果は期待できる。また，一般的に，外国企業にとっても抵抗感の少ない対応と思われる。

文言は様々だが，一例として以下のようなものが考えられる。

> **Authority to Execute Agreement.** The individuals signing this Agreement and the Parties represent and warrant that they have full and complete authority and authorization to execute and effect this Agreement and to take or cause to be taken all acts contemplated by this Agreement.

(iii)　委任状（Letter of Attorney/Power of Attorney）の取得

非常に重要性が高い契約書の締結であるにもかかわらず，CEO以外の者が相手方の署名者となる場合には，CEOから委任状（Letter of Attorney/Power of Attorney）やこれに類する書面を発行してもらうことも考えられる。ただし，委任状が取得できる場合にはCEO自ら契約書に署名することを要求すれば足りるから，委任状を準備すべき場面はあまり多くないであろう。

(iv)　サイン証明の取得

上記の偽造リスクを回避するための方策として有効なのは，Notary Public（日本でいう公証人に相当する）によるサイン証明を取得してもらうという方法がある。サイン証明は，実印を押印してもらう場合の印鑑証明に相当する役割を果たすことになる。

(v)　パスポートの署名の確認

偽造リスクの回避の別の方法として，パスポートには本人署名が付されているので，契約書のサインと照合するためにパスポートのサインページのコピーの交付や原本の提示を求めることで，本人のサインであるかどうかを確認することも考えられる。

(vi) 立会人の準備

　極めて重要な契約の場合には，契約書へのサインの際に，契約当事者双方を知っている第三者に立ち会ってもらうという方法も考えられる。これにより，契約締結権限や偽造リスクの問題の双方を相当程度回避することが期待できる。

(4)　書面の一体性を確保する方法

　海外取引においては，日本のように，契約書を袋綴じにして割印を押し，一体性を確保する実務慣行は存在しない。極めて大部の契約書については製本されることもあるが，通常は，ホチキスやクリップ等で左上を1点留めするだけのことが多い。このため，契約書としての一体性をどうやって確保するか（たとえば，サインページ以外が差し替えられる等のリスクをどう排除するか）が問題となるが，サインページ以外のページ全部に双方の署名者がイニシャルを手書きすることにより，こうしたリスクを回避するやり方が一般的に採用されている。近時の海外取引では，サインされた原本を交換する前に電子メール等に添付して契約書全体のPDFファイルを交換することが増えており，この時点で契約としての一体性は後日においても立証可能となるから，各ページへのイニシャルの記入が省略されることが多くなった印象がある。

Q7 海外取引における約款の位置づけ

いつも取引している外国の大手企業から受領する発注書には，裏面に細かい文字のTerms and Conditionsが記載してある。いちいち内容を確認していないし，内容の了承を求められたこともないが，これにはどのような効果があるのか。何か対応を考えたほうが良いか。

A

後日のトラブル発生時に不利に作用する可能性があるので，放置することは適切ではなく，少なくとも，電子メール等の記録の残る方法を通じて「約款の内容には合意していない」という趣旨を表明しておく必要がある。既に双方が合意・サインした契約書が作成されている場合であっても，その後，個別取引の際に先方から位置づけの不明な約款・契約条件が送付された場合には，このような対応をとっておくべきである。

(1) 約款の意味

海外取引においては，相手方企業から「これが当社の取引条件である」として一方的に約款（Terms and Conditions等との標題が付されている）が提示されたものの，当方のサイン等までは求められないことがある。また，個別の受発注の際，受発注書等の裏面やこれらが添付された電子メールに同様の契約条件が記載されていることがある（受発注書法面に印字されていることから「裏面約款」と呼ばれることもある）。これらの多くは，極めて小さなフォントを用いて英語（または相手方当事者の使用する言語）で印字されており，日本企業の多くは細かい内容まで確認していないというのが実情である。

しかしながら，たとえ自社が明確に了承していないとしても，このような一方的な約款の送付を受けたままで取引の実行に応じたり，取引の履行に着手したりすると，当該約款に記載された条件に黙示的に応じたと解釈されるリスク

を認識しておくべきである。日本法を前提としても，企業間取引において，約款の内容を開示され，内容を了知する機会を与えられつつそれに異議を唱えずに取引を実行した場合には，約款の内容について黙示の承諾をしたとみなされる可能性は高い（約款を確認せずに取引したことは自己責任であると評価される）。外国法においても同様の立場が採用される場合は少なくないと考えられるから，一方的に提示された約款の内容を十分に確認せずにおくことは極めて危険である。たとえ相手方が著名な大企業の場合であっても，日本企業にとって不当ともいえるような約款内容となっていることは決して珍しくない。

　したがって，こうした約款について明確な同意を求められていないとしても，内容を確認の上，異議があれば取引に応じる前に明確に指摘しておくべきである。

(2)　相手方作成の約款において一般的に留意すべきポイント

　相手方作成の約款において日本企業に一方的に不利な条件が定められがちな点として，以下のような事項が挙げられる。約款全体が長文にわたる場合でも，少なくとも以下の事項についてだけはチェックしておくことが重要である。

(i)　取引の拘束力

　たとえば，相手方が発注者である場合，発注書を自社が受領した時点で受注義務が生じるとか，極めて短期間のうちに明示的に受注を拒否しない限り受注したものとみなす，といった規定が含まれている場合がある。

(ii)　危険負担

　たとえば，いずれの当事者の責にもよらない事由によって取引の目的物が毀損・紛失等した場合，それにより生じた危険（≒損害）が自社の負担とされている範囲が不当に広く設定されている場合がある。

(iii)　免責

　たとえば，相手方の債務不履行については故意（または故意重過失）の場合のみしか責任を負わず，過失（または軽過失）については免責とされている場合がある。また，第三者との間で紛争が生じた場合に，自社が相手方当事者のために防御の義務を負い，費用も負担するとされている場合もある。

(iv)　損害賠償の額・範囲

　相手方の負担すべき損害賠償の範囲について，賠償額に上限が付されているとか，賠償の範囲から直接損害以外の全てが除外されている場合がある。逆に，自社の負担すべき損害賠償については，損害の立証がなくても一定額の損害賠償を義務づけるような規定が置かれている場合もある（「違約罰」や「損害賠償額の予定」と呼ばれる条項である）。

(v)　知的財産権の帰属

　取引に際して知的財産権が発生する場合，その帰属に関して相手方当事者に有利な規定が置かれている場合がある。

(vi)　準拠法

　多くの場合，契約の解釈・適用の際の準拠法は相手方当事者の母国の法律とされているため，受諾できるかどうか検討する必要がある。

(vii)　裁判管轄条項・仲裁条項

　契約に付随関連して発生する紛争について，相手方当事者の所在する国の裁判所が合意管轄の裁判所とされている場合や，相手方当事者にとって有利な仲裁条項が置かれている場合が多いため，受諾できるかどうか検討する必要がある。

(3) 約款内容の変更に応じてもらえない場合

約款の内容に異議を唱え，変更を要求した場合であっても，先方がこれに応じないことは十分にありうる事態である。取引上の力関係によってはそれ以上の抵抗が難しく，約款の内容を受け入れざるを得ない場合もあると思われるが，実務的な対応としては，以下のような次善の策も考えられる。

(i) 電子メールや受発注書において，約款の適用に異議を述べておく方法

相手方が合意するかどうかに関係なく，相手方から送付された約款に対し，「本取引については，送付された約款の適用に同意するものではない」との意思を，後日に記録の残る方法で明確に表示しておく方法である。これによって確実に約款の適用を免れられるかについては議論の余地があるが，少なくとも後日トラブルが生じた場合に約款の適用があることを前提とされることを防止する効果は高いと思われる。

(ii) 当方から別の内容の約款を送付しておく方法

上記(i)の対応をとったうえで，さらにこちらからも自社の標準とする約款を送付しておくという対応である。この場合，いずれの約款が具体的な取引において適用されるかは準拠法や事実関係等によって変わりうるため，トラブル発生時に必ずしも一義的な解決をもたらす方法ではない。しかし，一般論としては最後に送付された契約条件が当事者間に適用される可能性のほうが高いため，先方の提示した約款をそのまま受諾する対応よりもはるかにメリットが大きい。

(4) 約款と契約書の競合

双方で合意してサインした基本契約書等が存在するにもかかわらず，相手方から送付される個別の受発注書等に，基本契約書と整合しない内容の約款が添付されている場合がある。こうした場合，「基本契約書を締結しているから大丈夫」と安易に考えることは危険である。なぜなら，通常，個別の取引におい

て合意された事項は，基本契約書の規定内容に優先して適用されると解釈されるためである（実際，多くの基本契約書には，個別取引において別段の合意がある場合にはこれに従う，という趣旨の条項が含まれている）。仮に，自社が相手方から送付された約款の内容に黙示に合意していたと認定されれば，当該約款が添付されていた受発注の取引に関しては，基本契約書に従った条件ではなく，相手方作成の約款に従った条件が適用されることになりかねない。したがって，位置づけの不明な約款が先方から送付・提示された場合には，少なくとも，電子メール等の記録の残る方法によって「契約書と異なる内容の約款には合意できない」という意思を表明しておくべきである。

Q8　複数言語による契約書

> 　取引先と，製品の保証期間をめぐって紛争が生じている。販売契約書は，双方が対等な立場として作成されたために英語版と日本語版の2通存在し，どちらも署名されている。英語版では，保証期間が「製品の納入後6カ月間」とされている一方，日本語版では「製品が検収されてから6カ月間」とされていることが紛争の発端なのだが，どちらの定めが優先されると考えるべきか。

A

　適用される実体準拠法によって，結論は異なる。仮に日本法が実体準拠法である場合，契約締結に至る当事者間の交渉および契約書ドラフトの作成経緯等に鑑み，当事者の実際の意図を反映しているのがいずれの契約書であるかという点が重要となる。それが明らかにならない場合は，契約書全体としての合理性を考慮しつつ，当事者の合理的意思解釈を探求するというアプローチがとられると考えられる。

(1)　国際取引における契約の言語

　日本企業が契約を締結するにあたり，日本語で契約しなければならないという定めはない。しかし，日本国内で，日本企業同士で締結・履行される契約については，日本語で契約を作成する場合が多い。

　他方，外国企業と取引を行う場合や，日本企業同士であっても，海外での履行を定める契約の場合等の国際取引においては，契約は（場合によっては交渉も），日本語ではなく，外国語，特に，広く使用されている英語や中国語で作成されることになる。しかし，日本企業においては，必ずしも外国語が堪能な人材ばかりではないこともあり，決裁手続を念頭に，日本語訳が作成されることが多く，日本語と外国語，2本の契約書が存在していることも多く見受けら

れる。

⑵ 言語選択の必要性

このように，２本の契約書が存在する場合，どちらの規定が優先することになるのか。

２本の契約書が存在し，かつ，その内容が（翻訳の不正確さ等の理由により）異なるものであった場合には，当事者間に争いが発生することは，想像に難くない。

そこで，このような事態を回避するべく，通常は，どちらの言語版が優先するのかを定める言語条項を契約書に盛り込む。たとえば，「本契約は英語を正本とする。本契約に関して作成される翻訳には，契約としての効力がないものとする。」といった条項である。

なお，正本がどちらであるかを決定すれば，おのずと記名押印（ないしサイン）をするのも，正本のみとなる場合が通常である。しかし，上記のとおり，日本企業では，社内説明や決裁のために契約書の翻訳ないし要訳を作成させることが多く，誤って翻訳にも記名押印がされる例もある。たしかに，単に外国語のみで検討するのではなく，日本語訳を準備し，それを複数人で検討することにより，十分な議論と検討を経たうえでの相手方との交渉，契約締結が可能になることから，翻訳の果たす役割は大きいが，言語条項が定められていない場合，設問のように，各当事者が自分の主張に沿った内容の言語版が正本である旨主張する事態が発生してしまうため，翻訳作成時には注意が必要である。

⑶ 言語条項がない場合の優先順位

では，言語条項がない場合，どちらの言語版を正本として取り扱うべきか。

この点，私法統一国際協会（International Institute for the Unification of Private Law，通称「UNIDOROIT」（ユニドロワ））国際商事契約原則（The Principles of International Commercial Contracts）2016年版（以下「ユニドロワ国際商事契約原則」という）第4.7条（言語間の齟齬）には，「契約に２つ

以上の言語で作成された版があり，それらが等しく拘束力を有する場合において，それらの間に齟齬があるときは，最初に作成された版に従って解釈されることが望ましい。」と定められている。

　ユニドロワとは，日本，アメリカ，イギリス，中国等63カ国が加盟する国際協会であり，そこで定められている国際商事契約原則は，各国の法制を前提としつつも，国際商事契約に関する原則を統一的に定めた内容となっている。ユニドロワ国際商事契約原則は，当事者がその適用を受けることを合意して初めて適用されるものである（同前文）ことから，必ずしもすべての国際商事契約に適用されるものではないものの，この原則を参考にし，最初に作成された言語（たとえば，交渉を英語で行い，英語でドラフト作業が進められていたが，その後，日本語版を翻訳する形で作成した場合等には，英語）の規定が優先的に適用されるべきである，という主張は十分に考えられる。

　また，契約書が異なる言語で2通存在する場合であっても，通常は，当事者間における契約交渉はいずれか一方の言語の契約書ドラフトについて行われ，他方の言語による契約書は，交渉が終了するころに翻訳して作成されたものであることが多いはずである。このような場合，交渉の際に用いられた言語の契約書が当事者の実際の意図を反映していると考えられることが多いであろうから，当該契約書を優先して適用すべきであるとの主張に合理性があるように思われる。

　上記のような主張がどの程度有効であるかは，契約上合意された実体準拠法に基づいて判断されることになる。

　この点，一部の国・地域では，契約書の作成に際して当該国等の母国語に優越的な地位を与える趣旨の法律が存在するため，注意が必要である。たとえば，インドネシア言語法においては，インドネシア語によって契約書を作成することが原則として義務づけられている（ただし外国語版の契約書をあわせて作成し，外国語版をインドネシア語版に優先するとの規定を設けることは許されている）。このような国・地域の当事者を相手方とする契約を締結する場合には，準拠法選択によってこうした規制を免れられるのか明確ではない場合もあるた

め，契約書作成に際して慎重な検討が必要である。

　他方で，仮に準拠法が日本法であれば，契約の解釈適用は，当事者の合理的意思解釈に基づいて行われるべきものである。したがって，言語のみならず内容を異にする2通の契約書が存在する場合に，単にドラフト作成の先後のみに基づいて形式的に先に作成された言語版に基づいて解釈適用されると判断するべきとされることは考えにくく，契約締結に至る当事者間の交渉および契約書ドラフトの作成経緯等に鑑み，当事者の意思を探ることになると思われる。

(4)　設問の場合

　設問の事例においては，英語版では「製品の納入後6カ月間」，日本語版では「製品が検収されてから6カ月間」と定められており，一見すると，矛盾があるように思われる。

　このような場合，日本法が実体準拠法であれば，いずれの言語の契約書ドラフトに基づいて当事者の交渉が行われたのかという事実認定をベースに，当事者の実際の意図に合致する契約書がいずれかであるかを判断することになる。それが明らかにならない場合には，いずれの契約書がより取引としての合理性を有する内容となっているかを踏まえ，当事者の合理的意思がどのようなものであったかを探求することとなる。たとえば，通常，製品の販売契約においては，製品の検収が行われ，それに合格して初めて納入と認める場合が多い。このため，契約書の他の条項とのバランスを考慮しつつ，保証期間についても検収完了からカウントすべきである（それが当事者の合理的意思である）と判断されることになる可能性が高いと考えられる。

Q9　完全合意条項

取引先との契約に「本合意書が唯一の合意であり，当事者間の口頭・書面を問わず本合意書締結以前に交わされた一切の合意に優先する」という記載がある。このような文言はどのような効果があるのか。

A

　いわゆる「完全合意条項（entire agreement clause）」と呼ばれるものである。これは，当該契約締結までの間に当事者間において議論・合意された内容であっても，契約自体に記載のないものについては排斥する効果を持つ。ただし，当該契約の解釈において，契約締結までの議論を証拠として用いることを禁止するものではないと解されている。

⑴　完全合意条項とは

　完全合意条項（entire agreement clause）とは，当該契約書が当事者間の当該契約に関する事項についての完全な合意を含むものであることを明示し，当該契約書がすべての従前の合意に代わるものであることを明示する条項のことをいう（浜辺陽一郎『ロースクール実務家教授による英文国際取引契約書の書き方〔第3版〕』（アイ・エル・エス出版，2012年）106頁）。完結条項（merger clause/integration clause）と呼ばれることもある。

　国際取引における契約書では，この条項が盛り込まれていることが一般化している。

⑵　完全合意条項の位置づけと役割

　では，完全合意条項はどのような役割を果たすのか。

　契約の交渉は，その複雑さや当事者間の関係にもよるが，相当長期にわたり行われ，その中では，多くの駆け引きや提案が行われる。この間，守秘義務契

約や基本合意書が作成されるなど，最終的な契約書とは別の，中間的な合意事項が作成されることもある。こうした交渉途上の駆け引きや提案・合意内容が，その後のより具体的な条件交渉の中で変更・修正され，最終的に契約書という形に集約される。

　こうした背景事情がすべて契約内容に影響を与えてしまっては，最終的な合意内容が不安定になってしまう。そのような事態を避けるべく契約書に盛り込まれるのが，この完全合意条項である。すなわち，交渉過程における諸々のやり取りは，すべて最終的に合意された契約書に盛り込まれたものであり，その書面内容が，口頭・契約書以外の書面等によって覆されたり，加筆されたりするものではない，という合意を含むことにより，明確な権利義務関係を確定させるという役割を果たす。なお，英米法の国においては，契約締結時点の当事者の意思解釈を行うにあたり，口頭での追加・変更・否認等を禁止する，口頭証拠排除の原則（Parol Evidence Rule）という考え方が存在しており，その意図を明確にするために完全合意条項が使用されるという側面もある。

　なお，日本法においても，完全合意条項の有効性を認めた裁判例は存在しており（東京地判平成18年12月25日判時1964号106頁等），契約自由の原則に基づき，公序良俗に反しない限りは有効であると考えられる。国際取引を行うほどの日本企業において，完全合意条項が公序良俗に反して一般的に無効と判断される可能性は極めて低い。

⑶　完全合意条項の要否

　上記の役割に鑑みると，必ずしも全ての契約に完全合意条項を盛り込むべきとは言えないことがわかる。相手方との交渉力の差が大きく，交渉過程に合意を得られた項目が盛り込まれない，というような状況においては，完全合意条項を入れないほうが戦略的に望ましいのではないかという事態も存在する。

　しかし，既に契約書ドラフトに完全合意条項が盛り込まれている場合，相手方に対して完全合意条項を削除するよう求めることは，現在交渉している契約書が不完全なものであることをはじめから許容していることとなり，妥当では

ない。したがって，既に契約書ドラフトに完全合意条項が含まれている場合には，仮にこれが当方にとって望ましくないと思える場合であっても，当該条項の削除を申し入れるよりも，合意された事項全てを契約書に盛り込むように十分注意を払ってドラフトをすることに注力するべきであるし，主張すべき点があるのであれば，それを明確に契約書に盛り込めるように交渉をするべきである。

(4)　完全合意条項で契約書以外の口頭・書面での証拠提出が制限される範囲

完全合意条項は，上記のとおり，全ての従前の合意に代わるものであることを明示する条項であるから，口頭や契約書以外の書面等による契約内容の追加・変更・否認等は，認められない。

しかし，一般的に，契約書以外の口頭でのやり取りや書面等は，ユニドロワ国際商事契約原則第2.1.17条にも規定されているように，「当該（契約）書面を解釈するために用いることができる」と考えられている。したがって，契約の解釈適用の場面において，当事者の意思解釈のために，契約交渉経緯に関するやり取りの電子メール等を証拠として提出することは可能である。

また，制限されるのは，完全合意条項を盛り込んだ契約締結時点までの口頭のやり取りや書面等である。すなわち，契約締結後における口頭でのやり取り等には，この完全合意条項の効力は特に影響を及ぼさないので，区別する必要がある。

【図表1-1】完全合意条項の契約内容に関する証拠の証拠価値への影響

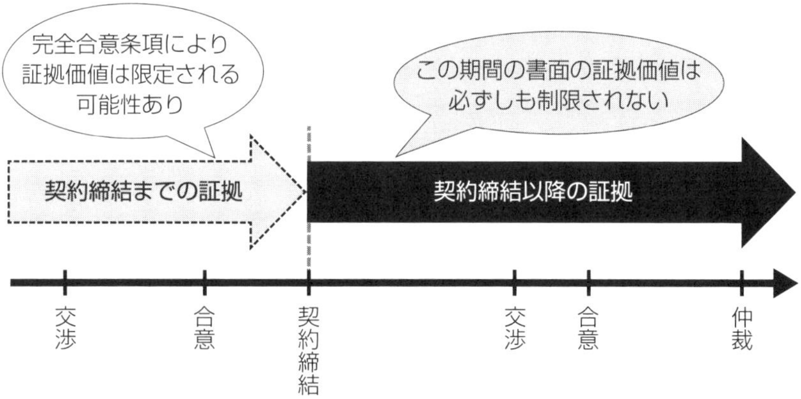

⑸ 書面による変更条項との関係

　完全合意条項の趣旨をさらに推し進め，契約締結後についても完全合意条項の趣旨を反映させることにつながるのが，変更条項である。特に，「本契約は，いずれの条項についても，両当事者の権限ある代表者によって署名された書面による合意でなければ，変更・修正・放棄等を行うことができないものとする。」といったような，書面による変更を定めた条項は，完全合意条項を盛り込んだ契約締結後（すなわち，本来であれば，上記のとおり，完全合意条項の効力が及ばない期間）について，口頭での合意を排除する規定となる。これを盛り込むことによって，両当事者が署名をしない限り，口頭や書面でのやり取りの中で両当事者の意思の合致が明確に認められる場合であっても，一方当事者からその合意を反故にすることができるようになる。

　ただし，このような条項が盛り込まれた場合には，契約締結後の事情による価格や数量の変更等，メールでのやり取りで済ませてしまうことが多い事項についても，毎回必ず両当事者の署名の入った書面でやり取りする必要が生じるため，注意が必要である。

Q10　準拠法とは

> 　当社は，米国企業の日本における販売代理店であるが，当該企業と代理店契約の解釈をめぐってトラブルになっている。あらためて契約書を見てみると，「準拠法」という条項があり，ニューヨーク州法が準拠法となる旨記載されている。これはどういう意味を持つのか。

A

　設問の代理店契約についてはニューヨーク州法が適用され，同法に基づき解釈されるという意味を持つ。したがって，今回のトラブルに関しては，ニューヨーク州法に知見のある弁護士に相談して解決すべきと考えられる。

⑴　準拠法とは

　日本企業同士の，物や情報の流れも日本国内で完結する契約であれば，通常は日本法が適用される。しかし，外国企業との契約など，国際的な契約においては，その契約にどの国・法域の法律が適用されるかが問題となる。このような場合に，適用される法律を決定するのが国際私法であり，国際私法に基づいて契約等（準拠法を決定すべき法律関係は，契約に限られず，不法行為なども含まれる。このような法律関係を単位法律関係という）に適用されることとなる一定の国・法域の法を準拠法という。

⑵　国際私法とは

　国際私法は各国・法域が定める国内法であるため，各国・法域がそれぞれ内容を定めることができる。つまり，国際的に統一された国際私法というルールがあるわけではない。したがって，厳密には，準拠法を決定する前に，どの国・法域の国際私法を適用するかという前提問題が存在することになる。この点，一般的に，法廷地の国際私法が適用されるという解釈が古くから存在する

(*lex fori*, 法廷地法の原則)。また，各国・法域の国際私法は，少なくとも，契約の準拠法について当事者に選択を認めるという当事者自治を採用している点ではほぼ一致している。

(i) 日本における国際私法

日本では，国際私法の基本法として，1898（明治31）年に施行された法例（明治23年法律第97号）が存在した。法例では，法律行為の成立および効力について，当事者の意思により準拠法国を決定することを原則として（7条1項），当事者の意思が明らかではない場合には，法律行為を類型ごとに区別することなく，一律に行為地法を準拠法としていた（7条2項）。また，契約の成立および効力については申込みの発信地を行為地とみなしていた（9条2項）。

その後，諸外国の立法では，当事者による準拠法選択の認定基準が明確化され，その認定ができない場合でも，契約類型ごとにきめ細やかに準拠法を決定する仕組みが採用され，消費者契約や労働契約のような交渉力に差がある当事者間の契約の準拠法の決定について特別な規定を置くようになった。これにより，法例は国際的な標準と適合しなくなっていき，2007（平成19）年に通則法が施行され，法例は失効することとなった。

通則法では，契約について，当事者による準拠法選択を認めるとともに（7条），当事者による準拠法の選択がない場合に契約に最も密接な関係がある地の国の法によるものとし（8条1項），契約において特徴的な給付を行う当事者の常居所地法（事業所の所在地の法）を当該契約に最も密接な関係がある地の法と推定している（8条2項）。また，消費者契約および労働契約の特例を置いている（11条・12条）。

(ii) 諸外国の国際私法

アメリカでは，各州の制定法に規定がある場合を除いて，各州の判例によって確立された国際私法が適用される。概ね共通している点としては，当事者による準拠法の選択を認めるとともに，当事者が準拠法を選択していない場合に

は，当該取引と当事者に対し，最も重要な関係を持つ州の法を適用するという点である。

　EUでは，契約の準拠法に関してローマⅠ規則がある。ローマⅠ規則では，当事者による準拠法の選択を認め，当事者が準拠法を選択していない場合には，契約類型ごとに準拠法を定めている。また，消費者契約や労働契約についての特例が設けられている。

(3)　準拠法条項

　前記のとおり，国際私法は法域ごとに定められているが，契約の準拠法については，契約当事者が合意によって準拠法を選択できるという当事者自治を採用している点では概ね共通している。したがって，契約当事者が合意によって準拠法を選択した場合には，その効力はほぼ認められるといってよい。

　そのため，国際的な契約においては，当該契約の準拠法を選択する条項が置かれることが多く，かかる契約の準拠法選択に関する条項を準拠法条項という（通常は，契約書の一番後ろの部分に置かれることが多い）。前記のとおり，準拠法条項が置かれていない場合には（通則法をはじめとした）国際私法の定める一定のルールに基づいて準拠法が決定されるが，どの国際私法が適用されるかについては法廷地によって変わりうることから，都度確認が必要となる。このような不安定性を排除する観点から，国際的な契約においては常に準拠法条項を規定しておくべきである。

　準拠法条項を規定するにあたっては，異なる国・法域に属する契約当事者が互いに母国法を準拠法とすることを要求するのが通常であり，契約交渉の最終段階においてこの点がしばしば問題となる。同じ契約条項であっても，どの国・法域の法律が準拠法とされるかによってその意味内容が異なりうるため，準拠法条項に関して安易に譲歩するのは禁物である。また，仮に，重要な契約についてなじみのない国・法域の法律を準拠法とせざるを得ない場合には，それによって自社に不利益が及ぶことがないか，あらかじめ当該法律の知見のある弁護士等に相談しておくことが望ましい。

準拠法条項の例は以下のとおりである。

This Agreement shall be governed by and construed in accordance with the laws of Japan.

本契約は，日本法に準拠し，同法に従って解釈されるものとする。

---

(4)　準拠法条項がない場合

日本の裁判所においては，原則として，日本の国際私法である通則法が適用される。契約に準拠法条項がない場合は，通則法によれば，以下のルールに従って，契約の準拠法が定まることとなる。

すなわち，当事者による準拠法の選択がない場合には，契約に最も密接な関係がある地の国の法によることとなり（8条1項），契約において特徴的な給付を行う当事者の常居所地法が契約に最も密接な関係がある法と推定される（8条2項）。特徴的な給付を行う当事者とは，売買契約であれば売主，保険契約であれば保険者，保証契約であれば保証人，消費貸借契約や賃貸借契約であれば貸主，請負契約であれば請負人，委任契約であれば受任者，物品運送契約であれば運送人が該当すると考えられる。

ただし，不動産を目的物とする契約については，その不動産の所在地法を契約に最も密接な関係がある地の法と推定する（8条3項）。

また，消費者契約については，当事者による準拠法の選択がない場合には，消費者の常居所地法によるとされている（11条2項）。なお，消費者契約においては，当事者による準拠法の選択があったとしても，一定の国・法域の法が強行的に適用される。この点は，Q12を参照されたい。

労働契約については，当事者による準拠法の選択がない場合には，労働契約において労務を提供すべき地の法を労働契約に最も密接な関係がある地の法と推定される（12条3項）。なお，労働契約においても，当事者による準拠法の選択があったとしても，一定の法域の国・法が強行的に適用される。この点についても，Q12を参照されたい。

(5) 準拠法と裁判管轄の違い

　ある紛争についてある国・法域の裁判所で訴訟を提起できるという場合，その国・法域が裁判管轄を有すると表現する。どの国・法域が裁判管轄を有するかという問題は，どの国・法域の法が準拠法となるかという問題とは次元を異にする。たとえば，設問のように準拠法がニューヨーク州法であっても，日本の裁判所が裁判管轄権を有する場合はありうる。

　国際的な契約が締結される場合には，準拠法と同様，裁判管轄についても当事者が合意管轄の裁判所（または，仲裁による場合には仲裁に関する条項）を取り決めている場合が多い。裁判管轄合意については，Q13を参照されたい。

(6) 準拠法を外国法とする紛争について日本で訴訟提起された場合

　外国法を準拠法とする紛争について，日本の裁判所に訴訟が提起された場合（前提として，日本が裁判管轄を有するものと仮定する），外国法の専門家でない日本の裁判官に，どのようにして外国法を解釈・適用してもらうかが問題となる。

　一般に，法令の内容の調査，および解釈・適用は裁判所の専権に属する事項とされており，原則として，法令の内容は証明の対象とはならず，裁判所が職権によって探知すべきものとされている。しかし，その例外として，外国法や慣習法のように，裁判所が知ることを要求できないような特殊な法規範については，証明の対象となるものとされている。実務上は，外国法の条文を和訳と併せて裁判所に証拠として提出するとともに，外国法に精通している学者・弁護士等の法律専門家に当該法の解釈適用等に関する鑑定意見書の作成を依頼し，これを裁判所に証拠として提出することが一般的である。

(7) 設問の場合

　設問の事例においては，代理店契約の解釈についてトラブルが生じているところ，契約ではニューヨーク法が準拠法として規定されている。そのため，当該代理店契約についてはニューヨーク州法が適用され，同法に従って解釈され

ることになる。

　したがって，当該代理店契約の正確な解釈を行うためには，ニューヨーク州法の知見を有する弁護士等に相談することが必要である。ただし，その前段階として，国際的な紛争処理の経験が豊富な日本の弁護士に相談することも考えられる。場合によっては，このような日本の弁護士に論点を整理してもらったうえで，適任と思われる米国弁護士を紹介してもらうこともありうる。

　また，設問の事例について，仮に日本の裁判所が裁判管轄を有し，日本の裁判所で訴訟を行う場合には，日本の資格を有する弁護士に訴訟代理人となることを依頼したうえで，問題となっている契約解釈については，ニューヨーク州法に精通している学者・弁護士等に鑑定意見書の作成を依頼し，裁判所に証拠として提出することになろう。

Q11　ウィーン売買条約とは

　米国企業と（売買）契約を締結した際，ウィーン売買条約の適用を排除するという趣旨の条項が含まれていた。ウィーン売買条約とは何のことか。この条項にはどのような意味があるのか。

A

　ウィーン売買条約とは，国境を越えて行われる物品の売買契約に適用される条約であり，一定の場合には自動的に適用される。ウィーン売買条約の適用を排除する条項は，そのような場合に，文字どおりウィーン売買条約の適用を排除する意味を有する。

(1)　ウィーン売買条約とは

　ウィーン売買条約とは，「国際物品売買契約に関する国際連合条約」（CISG：Convention on Contracts for the International Sale of Goods）の通称であり，日本では2009年8月から発効している。締約国は，国際連合国際商取引法委員会（UNCITRAL）のウェブサイトで公開されており，2019年9月現在で92カ国である。主な締約国，非締約国は【図表1-2】のとおりである。

【図表1-2】ウィーン売買条約の主な締約国，非締約国

締約国	非締約国
日本，西ヨーロッパ諸国（イギリスを除く），ロシア，中国，韓国，ベトナム，モンゴル，シンガポール，イラク，エジプト，オーストラリア，ニュージーランド，アメリカ，カナダ，メキシコ，ペルー等	イギリス，香港，台湾，タイ，マレーシア，フィリピン，ミャンマー，インドネシア，インド，バングラデシュ，スリランカ，サウジアラビア，パキスタン等

⑵　ウィーン売買条約が適用される場合
⒤　ウィーン売買条約の適用対象

　ウィーン売買条約は，異なる国の企業間の物品売買契約であって，当事者の少なくとも一方がウィーン売買条約の締約国である場合に，適用される可能性が生ずる。具体的には，営業所が異なる国に所在する当事者間の物品売買契約について，次のいずれかの場合に適用される。

---

① 　当事者の営業所の所在する国がいずれもウィーン売買条約の締約国である場合（1条1項）
② 　一方が非締約国であっても，国際私法により締約国の法を適用するとされている場合（1条2項）

　上記①によれば，たとえば日本企業と米国企業との売買契約であれば，いずれもウィーン売買条約の締約国であるので同条約が適用される。ただし，その適用は，当事者の合意により排除することができる（後記⒤および⑷）。
　また，上記②によれば，日本の企業と非締約国の企業との売買契約であっても，国際私法によって準拠法が日本法となる場合（準拠法についてはQ10参照），ウィーン売買条約が適用される。たとえば，当事者が日本法を準拠法として選択した場合には，ウィーン売買条約が適用されることになる。したがって，日本法を準拠法としつつ，ウィーン売買条約の適用を排除したい場合には，その旨を明確に定める必要がある（条項例は後記⑷参照）。
　さらに，ウィーン売買条約が適用される物品売買契約の範囲については，物品を製造し，または生産して供給する契約（物品を注文した当事者がそのような製造または生産に必要な材料の実質的な部分を供給することを引き受ける場合は除く）はこれに含まれる（3条1項）。他方，ウィーン売買条約は，物品を供給する当事者の義務の主要な部分が労働その他の役務の適用から成る契約については適用されない（3条2項）。つまり，物の製造および供給に係る契約は，原則としてウィーン売買条約が適用される売買に含まれるが，買主が材料の実質的な部分を供給する場合や，売主の債務の主要部分が製造等の役務で

ある場合は，物品売買よりも役務提供の側面が強くなってくるので，物品売買を規律することを目的としたウィーン売買条約は適用されないこととなる。

なお，ウィーン売買条約は，以下の売買には適用されない（2条）。

---

① 個人用，家庭用または家庭用に購入された物品の売買（ただし，売主が契約の締結時以前に当該物品がそのような使用のために購入されたことを知らず，かつ，知っているべきでもなかった場合は，この限りでない）
② 競り売買
③ 強制執行その他法令に基づく売買
④ 有価証券，商業証券または通貨の売買
⑤ 船，船舶，エアクッション船または航空機の売買
⑥ 電気の売買

(ii) ウィーン売買条約の限界

ウィーン売買条約が適用される場合であっても，この条約の規定事項は，①売買契約の成立および②売買契約から生ずる当事者の権利義務に限定されており（4条），契約の有効性や，売却物品の所有権についての契約の効果については国際私法によって導かれる国内法の規定に委ねられる。したがって，契約が公序良俗に反し無効となるかや，売却物品の所有権が契約の効果としていつ移転するか等については，国際私法によって導かれる準拠法に従って判断されることとなる。

また，ウィーン売買条約は，物品によって生じたあらゆる人の死亡または身体の傷害に関する売主の責任については適用されない（5条）。

さらに，ウィーン売買条約の規定は，原則としてすべて任意規定であり，当事者間の合意により，その適用を排除しまたは規定内容を変更することができる（6条）。

(3) ウィーン売買条約の内容

前記のとおり，ウィーン売買条約は，①売買契約の成立および②売買契約か

ら生ずる当事者の権利義務について規定するものである。以下，その特徴を日本の民法と比較しつつ，順に概説する。

(i) 契約の成立に関する規定

(a) 契約成立時期

ウィーン売買条約は，契約成立時を承諾の到達時としている（18条2項）。

契約の成立時期について，2020（令和2）年改正前の民法では隔地者間の契約は承諾の通知の発信時に成立するとされていた。しかし，改正後は承諾の通知が申込者に到達した時点で契約が成立する（97条1項）。

これにより，契約の成立時期については，ウィーン売買条約と日本の民法との違いがなくなる。

(b) 承諾の内容が申込みの内容と異なる場合の契約の成否

ウィーン売買条約は，申込みに対する承諾の内容が申込みの内容と異なる場合であっても，その相違が実質的でない場合には，申込者が遅滞なく異議を述べない限り，当該承諾に含まれた変更を加えた内容での契約の成立を認める（19条2項）。

これに対し，日本の民法では，承諾者が，申込みに条件を付し，その他変更を加えて承諾をしたときは，申込みの拒絶とともに新たな申込みをしたものとみなすとされている（528条）。

このように申込みに条件を付した場合の効果の点で，ウィーン売買条約と日本の民法とは異なっている。

(ii) 当事者の権利義務に関する規定

(a) 損害賠償請求や解除の要件

ウィーン売買条約は，売主は契約に適合した物品を引き渡す義務を負うと定め（35条1項），売主に同義務違反（物品の不適合）が認められる場合（目的物の瑕疵もこれに含まれる），買主は，適時に不適合の通知を売主宛てに行えば（39条），不可抗力・外部原因型の免責事由（79条）に当たらない限り，売主

の故意・過失を問わず，損害賠償等を請求できる（45条1項）。また，契約違反があっても，解除が認められるのは原則として重大な契約違反の場合，すなわち相手方の契約に対する期待を実質的に奪うような不利益をもたらす場合に限定されている（49条1項(a)・64条1項(a)・25条）。

　日本の民法においても，前記(i)(a)の改正によって，債務不履行に基づく損害賠償請求の要件や解除の要件が整理され，また瑕疵担保責任の概念が廃止されたことにより，日本の民法とウィーン売買条約との違いはほぼなくなったといえる。

　しかし，契約不適合（従来の瑕疵担保）の通知期間について，ウィーン売買条約では，不適合の発見時等から合理的期間内（かつ物品の交付日から2年以内）に通知を行う必要がある（39条1項・2項）一方，日本法では，不適合の発見時から直ちに（かつ受領後6カ月以内）に通知を行う必要がある（商法526条2項）。

　このように通知期間についてはウィーン売買条約のほうが長く，買主に有利といえる。

(b)　予防的救済手段の有無

　ウィーン売買条約においては，履行期前に相手方が契約に違反することが予想される場合には，自己の義務の履行を停止する（71条1項），その違反が重大であることが明白である場合には，契約解除することができる（72条1項）など，予防的な救済手段についても定められている。

　しかし，日本の民法においてはこのような定めはなく，ウィーン売買条約と大きく異なる。

(4)　ウィーン売買条約の適用排除

　ウィーン売買条約は，当事者が契約によってウィーン売買条約の適用を排除すること，および，当事者が契約によってウィーン売買条約の特定の規定を変更または排除することを認めている（6条）。

　実務的には，国際的な物品売買契約において，ウィーン売買条約の適用を排除する条項がしばしば見られる。もっとも，前記のとおり，日本民法とウィー

ン売買条約とは，内容において接近してきていることや，ウィーン売買条約の解釈については，各国の裁判例および仲裁判断が集積しつつあり，国際連合国際商取引法委員会（UNCITRAL）のウェブサイトにおいて，それら裁判例や仲裁判断を検索することができることに鑑みると，日本においても，今後ウィーン売買条約の適用実績が集積されていく可能性がある。

　ウィーン売買条約の適用を排除する際に推奨される準拠法条項の例は，以下のとおりである。

　This Agreement shall be governed as to all matters, including validity, construction and performance, by and under the laws of Japan. The parties agree to exclude the application of the United Nations Convention on Contracts for the International Sales of Goods (1980).

　本契約は，有効性，解釈及び履行を含むすべての事項について，日本法に準拠するものとする。当事者は，国際物品売買契約に関する国際連合条約（1980）の適用を排除することに合意する。

---

(5)　設問の場合

　設問の事例では，日本企業と米国企業という営業所が異なる国に所在する当事者が売買契約を締結しているところ，日本とアメリカはいずれもウィーン売買条約の締約国であり，「当事者の営業所の所在する国がいずれも締約国である場合」（上記(2)(i)①）に該当する。したがって，債務の実質が役務提供に至らない物品売買の契約であれば，原則として，当該契約はウィーン売買条約の適用対象ということになる。

　ただし，設問の事例においては，売買契約においてウィーン売買条約の適用を排除する旨が規定されているから，いかなる国・法域の法が準拠法として適用されるかについては，準拠法条項の有無などを別途確認する必要がある（準拠法条項についてはQ10参照）。

Q12　契約に対する各国規制法の影響

> 　海外の販売代理店から，当社が当該代理店と締結している代理店契約の条項が現地法に違反しており無効だと主張されている。契約上，準拠法は日本法になっていても，現地法の影響はあるのか。

A

　準拠法が日本法であっても，一定の外国法の規定が適用される場合はありうる。

(1)　準拠法選択の限界

　国際私法においては，当事者による準拠法の選択が認められる場合が多い（日本法であれば通則法7条にその旨の規定がある。Q10参照）。しかし，このような準拠法選択の自由にも制約がある。具体的には，①公法，②絶対的強行法規，③法律行為以外の法律関係に関する事項による制約である。これらについては，当事者の準拠法の合意によってその適用を排除することはできないとされている。

(2)　公法

　公法は，制定した国家の強い利害または関心に基づき，その適用範囲が定められたものであり，当事者の合意で排除することはできない。

　典型は刑罰法規である。また，民事訴訟法等の民事訴訟手続も公法に該当する。

(3)　絶対的強行法規

　絶対的強行法規とは，経済的弱者の保護や，経済政策・社会政策を目的として，準拠法のいかんにかかわらず強行的に適用される法規である。このような

　絶対的強行法規に関しては，①どのような規定が絶対的強行法規に該当するのかという問題と，②具体的な法律関係に対してどの国の絶対的強行法規が適用されるかという問題がある。

　まず，どのような規定が絶対的強行法規に該当するのかについて，定式化された共通の理解があるわけではない。日本では，労働者保護関連法規や消費者保護関連法規等の経済的弱者の保護を目的とした法規や，独占禁止法や金融商品取引法等の市場秩序維持を目的とした法規（これらを公法に分類する見解もある）が絶対的強行法規に当たると解される。裁判例では，カリフォルニア州法を準拠法とする労働契約に関して解雇が問題となった事例について，準拠法選択の自由が公序としての労働法によって制約を受けるとし，法廷地であり労務提供地でもある日本の労働法規が属地的公序として適用されるとしたもの（東京地決昭和40年4月26日労民16巻2号308頁）や，職務発明に関する特許法の規定が絶対的強行法規に当たるとしたもの（東京地判平成16年2月24日判時1853号38頁）がある。

　次に，どの国の絶対的強行法規が適用されるのかについて，法廷地の絶対的強行法規は，準拠法いかんにかかわらず適用されるという見解にはあまり異論は見られない。しかし，準拠法所属国でも法廷地国でもない第三国の絶対的強行法規が適用されるかについては，個々の法の趣旨や事案によって結論が分かれうる。

　なお，裁判例には，通則法11条および12条以外の場合に，契約準拠法が明確に定められていながら第三国の法律の適用がありうると解釈しうる手がかりが見つからない，通則法の立法経過からして第三国の強行法規の適用が予定されていたと解し難いなどとして，契約準拠法でも法廷地法でもない第三国の絶対的強行法規を適用することを否定したものがある（東京地判平成30年3月26日ウエストロー2018WLJPCA03268007）。

(4)　法律行為以外の法律関係

　通則法7条は「法律行為の成立及び効力」について当事者に準拠法の選択の

自由があると定めるものである。それ以外の法律関係については，それぞれ準拠法が定められており，当事者に準拠法の選択の自由はない。

　具体的には以下のとおりである。

---

① 　自然人の行為能力については，原則として本人の本国法（通則法４条１項）
② 　法人の権利能力・代表者の権限，株式譲渡の会社および第三者に対する効力については，法人の従属法（設立準拠法とする学説が多数）
③ 　動産または不動産に関する物権およびその他の登記をすべき権利については，その目的物の所在地法（通則法13条）
④ 　特許権・商標権については，登録国法（最判平成14年９月26日民集56巻７号1551頁）
⑤ 　著作権については，保護国法（ベルヌ条約５条３項）
⑥ 　債権の譲渡可能性，債権譲渡の債務者その他の第三者に対する効力については，譲渡に係る債権について適用すべき法（通則法23条）
⑦ 　不法行為については，原則として，加害行為の結果が発生した地の法（通則法17条）
⑧ 　事務管理，不当利得については，原則として，原因事実発生地法（通則法14条）

---

(5)　通則法における消費者契約，労働契約の特例

　通則法は，消費者契約，労働契約について，それぞれ特例を置いている。この特例は，一定の法規について消費者や労働者が適用を求める意思表示をすれば適用を受けることができるというものであり，当事者の意思表示にかかわらず適用される前記の絶対的強行法規とは別のルールを定めるものである。

　消費者契約については，当事者の選択した準拠法いかんにかかわらず，消費者が適用を求める意思表示をすれば，消費者の常居所地法の強行法規が適用される（通則法11条）。たとえば，契約の準拠法は日本法であっても，消費者が外国に住む者であって，当該外国の消費者保護法規の適用を求める意思表示をした場合には，当該外国の消費者保護法規が適用される。なお，準拠法の選択がなければ，消費者の常居所地法が適用される。

　労働契約については，当事者の選択した準拠法いかんにかかわらず，労働者が適用を求める意思表示をすれば，労働契約に最も密接に関係する地の法（労務提供地法と推定される。労務提供地が特定できなければ，労働者を雇い入れた事業所の所在地法）の強行規定が適用される（通則法12条）。たとえば，契約の準拠法は日本であっても，労働者が外国で仕事をしている者であって，当該外国の労働者保護法規の適用を求める意思表示をした場合には，当該外国の労働者保護法規が適用される。なお，準拠法の選択がなければ，労働契約に最も密接に関係する地の法が適用される。

(6)　設問の場合

　設問の事例においては，海外の販売代理店から代理店契約の条項が現地法に違反しており無効と主張されているが，そもそも現地法のいかなる規定がその根拠として主張されているのかを確認したうえで，その規定が絶対的強行法規に該当するかどうか，また当該絶対的強行法規が当該契約に適用されるのかを検討する必要がある。たとえば，現地の経済的弱者保護の規制が根拠として主張されているとすれば，その規制が絶対的強行法規に該当する可能性は高く，現地の裁判所に訴えが提起された場合には，当該規制が適用される可能性が高い。また，仮に日本の裁判所に訴えが提起された場合であっても，常に現地の絶対的強行法規の適用を免れるとは限らないため，慎重な検討が必要である。

Q13　管轄合意の効力

　アメリカの業者から送られてきた契約書の案（ドラフト）に「裁判管轄」という条項があり，「ニューヨーク州を管轄する裁判所に管轄がある」と書いてある。この条項があると，この業者から購入した部品に不具合があり，代金返還や損害賠償を求めたい場合に，日本の裁判所に訴訟を提起することはできなくなるのか。

A

　設問の条項は，ニューヨーク州を管轄する裁判所を専属的な管轄裁判所とする合意だと解釈され，日本で訴訟を提起しても却下される可能性が高い。したがって，紛争が発生して裁判で解決せざるを得ない場合にはニューヨークの裁判所に直接訴訟を提起せざるを得なくなるため，このような裁判管轄条項に対しては，仲裁条項を提案するなど，可能な限り修正を要求するべきである。

⑴　裁判管轄とは

　日本企業同士の紛争であれば，日本の裁判所で裁判を行うことに双方異論が生じることは通常ない。しかし，日本企業と海外企業の間の紛争の場合，当該外国の裁判所で裁判を行うか，日本の裁判所で裁判を行うか，あるいは第三国の裁判所で裁判を行うかという裁判管轄の問題が生ずる。

　裁判権は国・法域の統治権の一作用であるから，ある紛争について，ある国・法域が裁判管轄を有するかどうかは，当該国・法域の国内法に基づいて，当該国の裁判所が決定する。日本の民事訴訟法は，日本の裁判所が裁判管轄を有する場合として，たとえば，以下の場合を定めている。

①　被告の住所が日本国内にある場合等（3条の2第1項）
②　契約上の債務履行請求を目的とする訴え等において，債務履行地が日本国内にある場合等（3条の3第1号）

③　手形・小切手による金銭支払請求を目的とする訴えにおいて，手形・小切手の支払地が日本国内にある場合等（3条の3第2号）

④　財産権上の訴えにおいて，財産が日本国内にある場合等（3条の3第3号）

⑤　事務所・営業所を有する者に対する訴えでその事務所・営業所における業務に関するものにおいて，その事務所・営業所が日本国内にある場合（3条の3第4号）

⑥　日本において事業を行う者に対する訴えにおいて，その訴えがその者の日本における業務に関するものである場合（3条の3第5号）

⑦　会社その他の社団または財団に関する一定の訴えにおいて，その社団または財団が法人である場合にはそれが日本の法令により設立されたものであるとき等（3条の3第7号）

⑧　不法行為に関する訴えにおいて，不法行為があった地が日本国内にある場合（3条の3第8号）

⑨　不動産に関する訴えにおいて，不動産が日本国内にある場合（3条の3第11号）

⑩　消費者契約に関する消費者からの事業者に対する訴えにおいて，消費者の住所が日本国内にある場合（3条の4第1項）

⑪　個別労働関係民事紛争に関する労働者からの事業主に対する訴えにおいて，労務提供地が日本国内にある場合（3条の4第2項）

⑫　併合請求において，日本の裁判所が一の請求について管轄権を有し，これと他の請求との間に密接な関連がある場合（3条の6）

⑬　本訴の目的である請求等と密接に関連する請求を目的とした反訴の場合（146条3項）

⑭　当事者が合意した場合（3条の7第1項）

⑮　被告が日本の裁判所が管轄権を有しない旨の抗弁を提出しないで弁論をした場合等（3条の8）

　また，ある紛争について，特定の国・法域の裁判所でしか裁判を行うことができない場合，その国・法域が専属的裁判管轄（専属管轄）を有すると表現する。

　民事訴訟法は，日本の裁判所が専属管轄を有する場合として，以下の訴え等を定める。つまり，以下の訴え等については，日本の裁判所でしか裁判を行え

ないというのが日本法の考え方である（ここで「会社」「登記・登録」「特許権等」というのは，日本法に基づいて設立・登記・登録されたものを指す）。

> ① 会社の設立無効，会社の合併・分割無効等の会社の組織に関する訴訟，株主代表訴訟，役員解任訴訟等の会社法等に定めのある一定の訴え（3条の5第1項）
> ② 登記・登録に関する訴えにおいて，登記・登録をすべき地が日本国内になる場合（3条の5第2項）
> ③ 特許権等の設定の登録により発生するものの存否・効力に関する訴えにおいて，その登録が日本においてされたものである場合（3条の5第3項）

(2) 裁判管轄条項とは

　契約において，当事者が裁判管轄について合意することは可能であり，一般的には，その合意に従うことになる（3条の7第1項）。このような合意や条項を，裁判管轄合意や裁判管轄条項という。日本のみならず，他の法域においてもこうした合意の有効性が認められることが一般である。

　前記(1)のとおり，日本企業と海外企業の間の紛争の場合，当該外国の裁判所で裁判を行うか，日本の裁判所で裁判を行うか，あるいは第三国の裁判所で裁判を行うかという問題が生ずるが，実際に紛争が起こってからではこのような管轄に関する問題を合意によって解決できないことが多い。そこで，契約時に裁判管轄条項を定め，当該契約に関して将来紛争が生じた場合には，どの国・法域の裁判所で裁判を行うかを決めておくことが通常である。

(3) 付加的管轄合意と専属的管轄合意

　裁判管轄の合意については，各国・法域の国内法に基づく管轄に加えて（あるいは国内法に基づく管轄の結論を確認する趣旨で）管轄を有する国・法域を定めるもの（付加的管轄合意）と，各国・法域の国内法に基づく管轄を排除して管轄を有する国・法域を限定するもの（専属的管轄合意）とがある。両者の違いとして，専属的管轄合意がある場合には，それに反して，専属管轄を有し

ない国の裁判所に訴訟を提起しても，原則として訴えは却下される。これに対し，付加的管轄合意の場合には，管轄合意があっても，国内法に基づいて裁判管轄を有するとされる国・法域の裁判所に訴訟を提起することは可能であり，付加的管轄合意があることを理由に訴えが却下されることはない。

　国際的な契約において管轄裁判所を指定する合意がある場合には，通常は専属的管轄合意と解される。たとえば，裁判例には，「本件契約から発生し，又は関連するいかなる訴訟，訴訟行為，手続，法的処置も合衆国地方裁判所カリフォルニア中央区又はロサンジェルスにある司法権を有する然るべきカリフォルニア州の裁判所で起こされ，当事者はいかなる訴訟，訴訟行為，又は手続において前記の裁判所の管轄に従い，管轄に対するあらゆる異議申立権を放棄する旨の合意」について，「右の合意の文言から見て，本件管轄約款が，本件契約に関する訴訟事件につき，我が国の裁判権を排除し，合衆国カリフォルニア州の裁判所だけを第一審の管轄裁判所と指定する旨の国際的専属的裁判管轄の合意であることは明らかである」としたもの（東京地判平成 6 年 2 月28日判タ876号268頁）や，「本件基本契約から生じる一切の紛争につき，両当事者が合意に至らない場合には，ロシアの沿海州商事裁判所において解決する旨」の定めについて，専属的裁判管轄合意と解したもの（東京地判平成27年 3 月27日判タ1421号238頁）がある。

　しかし，専属的管轄とする旨の明示的な記載がなければ，付加的管轄の合意と解される可能性も否定できない。英米法系の国・法域の裁判所では，むしろ付加的管轄合意と推定することとされているし，日本の裁判所でも，国内における裁判所の管轄が問題となった事案について，原則として付加的管轄合意と解するとした裁判例がある（大阪高決平成 2 年 2 月21日判タ732号270頁は，「合意された管轄が専属的か明らかでない場合には，通常は付加的管轄の合意がなされたものと観るべきであり，これを専属的管轄の合意と認めるには，法定管轄裁判所の中の一つを特定して管轄裁判所とする合意である等，首肯するに足りる特段の事情が存在しなければならない」とした）。

　そこで，上記のような不確実性を排除するため，専属管轄の合意をする場合

には，付加的管轄合意と解される余地を残さないよう，専属管轄であることを明確に示す文言（"solely"や"exclusively"など）を忘れずに挿入しておくべきである。このような専属的管轄条項の例は，以下のとおりである。

> Any dispute arising out of or in connection with this agreement shall be solely resolved through a legal proceeding before the District Court of Tokyo, which shall have the exclusive jurisdiction over the dispute.
>
> 　本契約から又はそれに関連して生ずるすべての紛争は，東京地方裁判所における法的手続によってのみ解決する。東京地方裁判所はその紛争について専属管轄を有する。

(4)　管轄合意の有効性

　日本の民事手続においては，管轄合意は，民事訴訟法3条の7第2項に規定される要件を満たしていなければ無効となる。具体的には，以下のとおりである。

(i)　一定の法律関係に基づく訴えに関し，書面等で行われた合意であること

　日本の民事訴訟法では，管轄合意は，一定の法律関係に基づく訴えに関し，かつ，書面（電磁的記録による場合も書面とみなす）で行う必要がある（3条の7第2項・3項）。

　この点について，2011（平成23）年の改正後の民事訴訟法が適用された事例ではないが，「両当事者間に紛争が生じる場合」「紛争が本契約に起因もしくは関連して生じているかどうかにかかわらず」カリフォルニア州の裁判所で訴訟を開始できる旨の条項が，一定の法律関係に基づく訴えについて定められたものとはいえないとして，カリフォルニア州の裁判所の専属的裁判管轄を否定した裁判例がある（東京地中間判平成28年2月15日ウエストロー2016WLJPCA02156001）。

(ii) 外国裁判所を指定する専属管轄合意の要件

　外国の裁判所の専属的合意管轄については，その外国の裁判所が法律上・事実上裁判権を行うことができない場合，援用することができない（民事訴訟法3条の7第4項）。つまり，このような場合には，外国の裁判所の専属的合意管轄があることを理由として日本の裁判所の管轄権を争うことはできない。

　法律上裁判権を行うことができないとは，その国が管轄合意を有効と認めず，その他の法律上の管轄原因もないとすることのほか，訴えの利益その他の訴訟要件を欠くとの理由で裁判が行われないことも含まれると解される。また，事実上裁判権を行うことができないとは，天災や戦乱，革命等の社会的動乱などにより裁判所が機能していないことをいう。いずれの場合にも，外国の裁判所を指定した専属的管轄合意を有効と認めて日本の裁判所に提起された訴えを却下してしまうことは，裁判拒否に等しく，原告の権利保護の機会を否定することになるため，管轄合意の援用を認めないこととしたものである。

(iii) 消費者契約紛争・個別労働関係民事紛争の特則

　日本法においては，消費者契約紛争・個別労働関係民事紛争については特則がある（民事訴訟法3条の7第5項・6項）。

　すなわち，将来において生ずる消費者契約に関する紛争を対象とする管轄合意は，①消費者契約締結時に消費者が住所を有していた国の裁判所に訴えを提起することができる旨の合意であるとき，②消費者が当該合意に基づき合意された国の裁判所に訴えを提起したとき，または事業者が日本もしくは外国の裁判所に訴えを提起した場合において，消費者が当該合意を援用したときに限り，有効である。

　また，将来において生ずる個別労働関係民事紛争を対象とする管轄合意は，①労働契約終了時の合意であって，その時の労務提供地がある国の裁判所に訴えを提起することができる旨を定めたものであるとき，②労働者が当該合意に基づき合意された国の裁判所に訴えを提起したとき，または事業主が日本もしくは外国の裁判所に訴えを提起した場合において，労働者が当該合意を援用し

たときに限り，有効とされる。

(ⅳ)　公序に反しないこと

　さらに，判例では，管轄合意が「はなはだしく不合理で公序法に違反するとき」は，その合意は無効となるとされている（最判昭和50年11月28日民集29巻10号1554頁）。この点，タイの裁判所を専属管轄裁判所とする合意の有効性が争われた事例において，契約当事者が日本人または日本法人であること，契約締結地および義務履行地も日本であることなどから，「契約当事者，契約締結地，義務履行地，投資対象のいずれの点からも，本件各契約に関する紛争について日本の裁判所の管轄を排除し，タイ王国の裁判所のみを管轄裁判所とすべき合理的理由は何ら見出し得ない」として，「タイ王国の裁判所を国際的専属的合意管轄裁判所とする本件管轄合意は，甚だしく不合理であり，公序法に違反し，無効と解するのが相当である」とし，日本における訴えを適法と認めた裁判例がある（大阪高判平成26年 2 月20日判タ1402号370頁）。

＊　＊　＊

　なお，裁判管轄条項の有効性は，外国の訴訟手続においては当該国・法域の国内法に基づいて判断されることから，日本の民事訴訟手続における上記の有効要件とは異なる要件が存在する可能性がある。そのため，外国の民事訴訟において管轄合意の有効性が問題となる場合には，当該国・法域の弁護士の意見を求める必要がある。

(5)　設問の場合

　設問の事例における裁判管轄の条項は，専属的管轄合意か付加的管轄合意かが明らかではない。しかし，過去の日本の裁判例の傾向からは専属的管轄合意と解され，日本において訴訟を提起しても却下される可能性が高いと思われる。

　また，仮に日本の裁判所において管轄が認められ，勝訴判決を得たとしても，当該判決をニューヨークで執行する局面でも，管轄権のない裁判所による判決

を執行するべきではないとして相手方から争われる問題が生じる。

　そして，いずれにせよ，日本において訴訟を提起した場合，相手方がニューヨーク州の裁判所を専属的管轄とする合意だと主張し，当該主張の当否をめぐって時間や労力，費用を要することが予想される。

　したがって，このような裁判管轄条項を契約の相手方から提案された場合には，可能な限り修正を要求するべきである。日本の裁判所の専属管轄に相手方を同意させることが困難な場合には，裁判管轄条項ではなく，仲裁条項を置くことを提案するといった妥協策も考えられる。

Q14　管轄合意における交差条項の是非

> 　アメリカの企業と取引契約を締結しようとしているが，裁判管轄条項について合意がまとまらない。そこで，先方企業に対して「貴社が当社を訴えるときは，当社の所在地である東京の裁判所で訴える。当社が貴社を訴えるときは，貴社の所在地であるニューヨークの裁判所で訴える」という合意を提案しようと思っているが，問題はないか。
> 　日本でもアメリカでもない，シンガポールのような第三国の裁判所を専属的合意管轄の裁判所とすることはどうか。

A

　設問前段のような合意管轄条項は，実質的に同一の紛争について日本とアメリカの双方の裁判所に訴訟が提起される可能性があること等を理由として，批判が強い。ただし，こうした問題は一定の工夫によって回避可能であり，契約交渉における妥協点としては利用の余地が否定されるわけではないと考える。

　また，設問後段の条項については，無効となる可能性や執行時の手続の不安定性を考慮すると，通常は利用を避けるべきである。

　設問前段の条項と設問後段の条項のいずれについても，法廷地の裁判制度や弁護士費用を十分に理解したうえで，これらについて合意することが必要である。

(1)　管轄合意

　Q13でみたとおり，民事訴訟法は，当事者が合意により特定の国の裁判所に管轄を与えることを認めており（3条の7第1項），この点は外国法においても原則として同様であると考えてよい。したがって，海外の取引先と契約する際には，いずれかの当事者の属する国の裁判所が専属的合意管轄を有する旨をあらかじめ定めておくのが通常であるが，いずれの当事者も自国の裁判所の専属

的合意管轄とすることを主張して譲らなかった場合等に，設問のような管轄条項が合意されることがある。

(2) 交差型裁判管轄条項

設問前段は，相互に相手方所在地国でのみ提訴ができるようにする合意であり，一般に交差型裁判管轄条項（クロス管轄条項）などと呼ばれている。

交差型裁判管轄条項のメリットは，裁判管轄条項をめぐって交渉が難航した場合に中立的な解決として受け入れられやすいこと，相手方の国での提訴というハードルを設けることによって紛争発生時の裁判外での和解交渉が促進されること，相手方の国で判決を得ることで相手方の国で強制執行を行いやすいことにある。

ただし，法廷地が違えば紛争処理に実質的な差が生ずることがある。たとえば，日本企業と米国企業との間の紛争についての交差型裁判管轄条項は，一般に原告に有利といわれるアメリカの訴訟制度（ディスカバリー等）を利用する権利を日本企業にのみ与えることを意味し，米国企業としては一般に受け入れにくいとの指摘がある。日本企業としても，交差型裁判管轄条項を提案するのであれば，あらかじめ，ニューヨーク州において訴訟追行を行う際の負担や費用等を十分に理解しておく必要がある。

また，交差型裁判管轄条項の問題点として，相手国で訴訟を提起したところ，その被告になっている側が，実質的には反訴に当たるような訴訟を自国の裁判所に提起することが可能となる点も挙げられる。たとえば，日本企業が交差型裁判管轄条項に従ってニューヨークで訴訟を提起し，米国企業が実質的な反訴を日本で提起するという事態が想定される（特に，ニューヨークでの訴訟において米国企業にとって形勢不利となった場合）。日本企業としては，米国企業からの訴えに対し，日本で応訴することになるが，ニューヨークと日本でそれぞれ係属する訴えが相互に関連性のある請求であるにもかかわらず，いわゆる国際二重起訴の状態が生じて不経済であるし，裁判所が異なることから相互に矛盾する結論が出て，紛争の最終的な解決につながらない可能性すらある。そ

のため，交差型裁判管轄条項に，いずれかの国で訴訟が開始した場合には，その開始した裁判所が唯一の専属管轄裁判所となり，他の国の裁判所への提訴はできなくなるという規定を併せて規定しておくことが考えられる。そのような規定の例は，以下のとおりである。

> Once one of the parties files a lawsuit in one of the above courts, that court shall then have exclusive jurisdiction over all disputes, controversies and differences between the parties. The other party shall subsequently be subject to the proceedings in the above court and may not file any lawsuit in courts of other countries.
>
> 　当事者の一方が上記の裁判所のうちの一に提訴した場合には，その裁判所は当事者間のすべての紛争について排他的な管轄を有することになる。それ以降，他方の当事者はその裁判所における訴訟手続に服し，他の国の裁判所に提訴することはできない。

(3)　第三国の裁判所を管轄裁判所とする合意

　設問後段は，第三国の裁判所を管轄裁判所とする管轄合意条項である。このような条項については，中立的な解決として受け入れられやすいとも思える（ただし，前提として当該第三国の裁判制度を十分に理解しておくべきことはいうまでもない）。しかし，以下のような各種のリスク・問題点に鑑みると，通常は利用を避けるべきであると考える。

　まず，契約の内容・条件により法廷地とされた第三国の裁判所において管轄合意が有効とされないリスクがある。具体的には，当該第三国の裁判所に訴えを提起したとしても，当該第三国の裁判所が管轄権を有しないとして，訴えを却下する可能性がある（この場合，合意によって専属管轄を与えられた裁判所が法律上・事実上裁判権を行うことができないとき（民事訴訟法3条の7第4項）に該当し，日本の裁判所では訴えを提起することが可能となる）。

　また，たとえば，米国企業が，第三国に専属的裁判管轄を与える規定を無視

してニューヨークの裁判所で日本企業に対して訴えを提起してきた場合，第三国が専属的裁判管轄を有するとして訴え却下を求めたとしても，ニューヨークの裁判所が第三国に専属的裁判管轄を与える合意を無効と判断し，米国企業の訴えを適法と認めるというリスクがある。この点，日本の裁判例であり，また日本法人同士の契約においてタイの裁判所を専属管轄裁判所とする合意の有効性が争われた事例ではあるが，「タイ王国の裁判所のみを管轄裁判所とすべき合理的理由は何ら見出し得ない」として，かかる合意を無効と解した裁判例がある（大阪高判平成26年2月20日判タ1402号370頁。Q13参照）。

　さらに，当該第三国の裁判所で得た勝訴判決を相手国の裁判所を通じて承認・執行する手間や，承認・執行されないリスクも考慮する必要がある（Q41およびQ42も参照）。たとえば，第三国と相手国の間で相互に判決の承認・執行が許容されていない可能性もある。また，紛争と無関係な第三国の裁判所での判決を得たことが相手国の裁判所において公序違反と判断されて承認・執行が認められないリスクや，承認・執行の際に当該第三国の弁護士と相手国の弁護士の間の煩雑なやり取りが必要となることも，あらかじめ理解しておくべきである。

(4) シンガポール国際商事裁判所（SICC）の利用

　2015年，シンガポールは，同国を国際的紛争解決センターとして発展させることを目指して国際商事裁判所（SICC）を設立した。SICCはシンガポール高等裁判所（SHC）の一部門であるが，国際的な紛争解決に特化した存在であり，国際仲裁に類似する制度を取り入れているという特色がある。現時点までにSICCが処理した事案はまだ少数であるが，今後の事例が集積すれば，第三国の裁判所としてSICCを指定することも1つの選択肢となる可能性がある。

　以下では，参考までにSICCの特徴を概説する。

(i) 対象事件

　SICCは，国際的かつ商業的な請求を審理することができるとされている。

したがって，SICCは，純粋にシンガポールに籍を置く企業同士の争いを審理することができず，刑事事件や行政事件を取り扱うこともできない。

また，SICCで手続を開始するためには，両当事者の合意が必要である。

(ii) 裁判官，訴訟代理人

SICCにおいて審理を行う裁判官は，SHCの裁判官に加え，外国人裁判官も含まれる。

また，SICCでは，シンガポールの法曹資格を有する弁護士に限らず，当局の認定を受けた外国人弁護士も訴訟代理人となることができる。当局の認定を受けるためには，外国の法曹資格を有する弁護士であって，5年以上の弁護士業務経験を有しており，かつ，訴訟を行うための英語力を身に付けている必要がある。

(iii) 証拠調べ，上訴

証拠調べのルールは柔軟であり，必ずしもシンガポールの証拠法を用いる必要がなく，他の手続法に基づく証拠調べも可能である。したがって，ディスカバリーも必須ではない。

また，外国法に関する事項を，専門家の証人尋問等を経ることなく，主張書面（submission）のみにより採用してもらうことが可能である。

さらに，上訴は可能であるが，両当事者の合意で上訴を禁止することができる。

(iv) 判決の承認・執行

SICCにおける勝訴判決は，（仲裁判断ではなく）裁判所の判決であるから，相手国において執行したい場合には，原則として，執行地における外国判決の承認・執行手続が必要となる。

なお，シンガポールは2015年に管轄合意に関するハーグ条約（Hague Convention on Choice of Court Agreements）の締約国となった。当該条約は，締約国が管

轄合意により選択された他の締約国の裁判所の判決を承認・執行する義務を負うと定めるものであり，仲裁判断におけるニューヨーク条約（Q37参照）と同様の役割を果たすとされている。当該条約は，EU，イギリス，メキシコ，シンガポール，中国等が締約国となっている。したがって，これらの国に所在する企業に対して金銭給付等を請求することを想定した場合，あらかじめSICCを合意管轄裁判所とする合意をしておくことで，相手企業に対する（その所在国における）強制執行を容易化できることになる。ただし，日本は上記条約の締約国ではないので，相手企業が日本企業との契約において上記合意をするメリットはあまりなく，現実的には上記合意をすることは難しいと思われる。

(5)　設問の場合

　設問前段の交差型裁判管轄条項については，安易な利用は紛争解決につながらない結果を招きかねないが，相手国の裁判制度等の十分な理解および適切な条項の作り込みを前提とすれば，妥協点として利用する余地はあると考える。

　設問後段は第三国の裁判所を管轄裁判所とする条項であるが，これを定めるにあたっては，当該第三国の裁判制度等の十分な理解が必要であることは設問前段と同じである。また，当該条項が無効となるリスクや，相手国における外国判決の承認・執行手続を行う際の手間を考慮すると，原則としては利用を避けるべきと考える。もし，こうした点を踏まえたうえで，なお第三国の裁判所を専属的合意管轄の裁判所とする場合，シンガポールのSICCの利用は1つの選択肢と考えられる。

Q15　弁護士の種類と選定方法

　渉外弁護士・外国弁護士・外国法事務弁護士など，国際ビジネスに関連する弁護士には色々な種類が存在するようだが，これらの違いは何か。

A

　渉外弁護士とは，日本の弁護士資格を有する者のうちで国際的な案件を取り扱うものを指すことが多い。この場合，日本法に関する専門知識を有していることが期待できるが，紛争案件についての経験・知識は弁護士ごとに様々である。

　外国弁護士は，通常，外国において弁護士に相当する資格を有する者を指し，外国法事務弁護士は，外国弁護士となる資格を有する者のうち，日本国内において原資格法に関する法律事務を取り扱うことが一定の範囲で認められた者である。これらの弁護士は，各国の法律については一定の法律知識を有している一方，日本法についての知見を有しているとは限らない。

　海外ビジネスの展開に際してどのような弁護士を依頼するかは，自社の弁護士に対するハンドリングの経験値を基本としつつ，準拠法や管轄裁判所，主に使用される言語等を考慮して，個別具体的に判断すべきである。

(1)　弁護士の種類

　日本において「弁護士」と名乗ることができるのは，日本弁護士連合会に備えてある弁護士名簿に登録されている者だけであり（弁護士法8条），弁護士ではない人物が弁護士の表示をすると刑事罰の対象となる（同法77条の3・74条）。弁護士は，訴訟事件，非訟事件および審査請求，再調査の請求，再審査請求等行政庁に対する不服申立事件に関する行為その他一般の法律事務を行うことを職務とする（同法3条1項）。日本国内で法廷に立って当事者を代理することはできるのは，原則としてこのような登録された弁護士だけである（例外的に，

認定された司法書士は簡易裁判所の法廷に立つことができ，特許関連の事件では弁理士が法廷に立てる場合もある）。また，弁護士が社員となって設立する弁護士法人も，上記の法律事務を行うことができる。

　法律の定めがない限り，弁護士または弁護士法人でない者は，報酬を得る目的で法律事務を取り扱ったり，これらの周旋をしたりすることを業とすることが禁じられている（同法72条）。

　一方，当然のことながら，弁護士という資格は日本だけに限られたものではなく，諸外国にも存在する。弁護士資格の付与は国ごとにされるから（アメリカの場合は州ごととなる），日本で弁護士資格を有していても，他の国において直ちに弁護士として活動できるわけではないし，そもそも他の国の法律について知識を有しているわけでもない。しかしながら，経済活動のグローバル化とともに，海外の弁護士資格を有した者であっても日本において活動の場を拡大しており，様々な資格・経歴を有する者が「○○弁護士」と名乗っている現状が生じているため，依頼者たる企業の側としても，こうした「弁護士」たちをどのように使い分けるべきかが課題となる。

(2)　弁護士法上の「弁護士」

　冒頭に述べたような弁護士法上の登録された弁護士は，日本法の専門家としての資格であるから，直ちに海外の法律について知識や経験を有しているわけではない。かつては，企業案件・個人案件を問わず取り扱い，また，訴訟のような紛争案件と契約交渉のような取引案件の両方に関与する弁護士が多く見られたが，今後，徐々に取扱い分野が細分化していくことが予想される。以下，単に「弁護士」という場合には，このような日本法上の弁護士資格を有する者を指す。

　海外ビジネスにまつわるトラブルに関しては，こうした問題についての経験が豊富な弁護士や，十分な語学力を有する弁護士を見つけて相談することが重要である。

(3)　渉外弁護士

　「渉外弁護士」という言葉に正確な定義が存在するわけではないが，一般的には，弁護士のうち，海外への留学経験等を通じて法律的な場面で使用可能な語学力を身に付け，それを活かして国をまたがった法律業務に従事する弁護士を指すことが多いように思われる。こうした弁護士が集まっている法律事務所を「渉外事務所」ないし「渉外法律事務所」と呼び，そこに在籍している留学前の若い弁護士も「渉外弁護士」と呼ばれることもある。

　日本の弁護士が海外に留学する場合，アメリカ等の欧米諸国のロースクールに1年，その後海外の法律事務所の研修生として1年を過ごす，というのが従来の典型的なコースであった。しかし，近年は中国やシンガポールをはじめとしたアジア圏への留学経験をもつ渉外弁護士も増加しており，また，留学2年目に海外法律事務所での研修ではなく外国企業や国際機関等に出向するような者も増加し，渉外弁護士としてのキャリア設計も多様化している。

　いずれにしても，渉外弁護士といっても2年程度の海外経験を有するにすぎない場合も多く，必ずしも諸外国の法律に精通しているとは限らない。したがって，トラブルに適用される法律（準拠法）が日本法の場合は渉外弁護士に相談する意味があるが，外国法に基づいた分析が必要となる場合や，紛争が法的手続に移行した際に外国の法律事務所における訴訟で解決される場合には，当該国の弁護士・法律事務所にもコンタクトし，アドバイスを求める必要が生じることもある。

(4)　外国弁護士

　外国において弁護士に相当する資格を有する者を，一般的に外国弁護士と呼ぶことが多い。有資格国についての法律知識を有していることは当然に想定されるが，有資格国以外の法律についてどの程度の知識があるかについては確認が必要であろう。また，弁護士資格の取得の容易さ（困難さ）は国・地域によって全くまちまちであり，また，同じ国でも個別の弁護士による能力差が極めて大きい場合があるので，留意が必要である。日本の弁護士は，国際的に能

力や職業倫理が比較的一定していると言われているが，海外の弁護士に相談する際には想定以上に質のバラツキが感じられる場合がある。外国弁護士を探す際には，既知の弁護士等の紹介を通じて行うのが無難であろう。

　また，日本においては，法律専門職として弁護士のほか司法書士や行政書士などが存在し，資格が細分化されているが，このような細分化がない国では弁護士の職務範囲が日本よりも広範となることがある。逆に，たとえばイギリスの場合，法廷での弁論を担当する法廷弁護士（バリスター）と，原則としてそれ以外の職務を担当する事務弁護士（ソリシター）が存在し，日本の弁護士が行いうる業務が2つの資格に分かれている。

　なお，国によって，弁護士に期待されている機能・能力も異なる面があることも知っておいてよいであろう。たとえば，アメリカの弁護士の場合，判例法国であることや州ごとに法制度が異なっていること等の影響なのか，日本の弁護士からすれば当然頭に入っていると思うような法制度について質問しても，その場では答えられないことも多い。その代わり，一定の時間を与えれば極めて精緻なリサーチを済ませ，日本の弁護士からは期待できないような実践的なアドバイスをする能力がある者も存在する。アメリカにおいては，調べればわかるような法制度を弁護士が諳んじていることよりも，リーガルマインドに従って依頼者に役立つアドバイスができる能力のほうが期待されているといえよう。

⑹　外国法事務弁護士

　外国法事務弁護士とは，「外国弁護士による法律事務の取扱いに関する特別措置法」に基づいて認められた資格であって，外国弁護士となる資格を有する者のうち，法務大臣の承認を受け，日本弁護士連合会に備える外国法事務弁護士名簿に登録された者をいう。

　上述のとおり，日本の弁護士以外の者は日本国内において法律事務を取り扱うことが一般的に禁止されているが，外国法事務弁護士として登録された者については，以下に掲げるものを除き，原資格国法に関する法律事務を行うこと

が認められている。

---

① 国内の裁判所，検察庁その他の官公署における手続についての代理およびその手続についてこれらの機関に提出する文書の作成

② 刑事に関する事件における弁護人としての活動，少年の保護事件における付添人としての活動および逃亡犯罪人引渡審査請求事件における補佐

③ 原資格国法以外の法の解釈または適用についての鑑定その他の法的意見の表明

④ 外国の裁判所または行政庁のために行う手続上の文書の送達

⑤ 公正証書の作成嘱託の代理

⑥ 国内に所在する不動産に関する権利または工業所有権等の得喪または変更を主な目的とする法律事件についての代理または文書（鑑定書を除く）の作成

　日本において外国法事務弁護士としての登録を受けている者であれば，日本にかかわる法律関連業務に継続的に携わっているとみてよいであろうから，一般論でいえば，通常の外国弁護士よりも，日本企業に対する理解が相対的に深いことが期待できる。

(6) 国際弁護士

　国際弁護士という資格は存在しない。渉外弁護士を自称しても一般に理解されにくいために国際弁護士と名乗っている渉外弁護士もいれば，日本における弁護士資格を有さず，外国法上の弁護士として活動していることを根拠として国際弁護士と名乗っている者もいる。したがって，国際弁護士を名乗る者に対して何らかの依頼を行う場合，どういう資格や経験・知識を有する者であるか（特に，どの国の法律を原資格法とする弁護士資格を有するのか）を具体的に確認する必要があると思われる。

(7) どのような弁護士に依頼するべきか

　どのような弁護士を依頼するべきかについては，具体的な案件の内容に応じた個別具体的な要素と，自社の有する経験値やリソースの双方を総合的に考慮

する必要がある。

　たとえば，案件にかかわる法律がアメリカ法であり，訴訟になった場合にはアメリカの裁判所が管轄裁判所となる見通しであれば，できるだけ早い段階からアメリカの法律事務所に対して案件の処理を委ねるのが効率的であると思われる。しかし，自社に十分な英語力や外国の法律事務所を直接ハンドルした経験のある人材が乏しい場合，直接アメリカの法律事務所をコントロールすることは容易ではない。そのような事情がある場合には，経験・知識のある外部の日本人弁護士をチームに入れて外国の法律事務所のコントロールを委ねることで，より早期に妥当な解決に至る可能性を高めることができ，費用についても節減できると思われる。

　一方，たとえば，案件に関わる法律が日本法であるが，訴訟になった場合にはアメリカの裁判所が管轄裁判所となる場合には，理想的には，日本の弁護士とアメリカの弁護士の双方に関与させて案件を処理するべきである。この場合，日本とアメリカで別の法律事務所に依頼するという選択肢と，日本の弁護士とアメリカの弁護士の両方を抱える1つの法律事務所（外国法共同事業を行っている法律事務所）を利用するという選択肢がある。後者の選択肢をとった場合にはワンストップでのサービス提供も期待できるが，日本法に関するアドバイスは日本所在のオフィスが担当する一方，訴訟追行に関してはアメリカ所在のオフィスを通じて行う場合には前者の選択肢とさしたる違いはないので，どこまで効率性の向上が期待できるか，それぞれの法律事務所内部の協力体制によっても差があると思われる。

Chapter 2 ▶▶

海外での不祥事対応・規制違反対応

Q16　海外子会社における不祥事の社内調査

> 　当社の海外子会社で，現地職員が横領している可能性があるとの情報を入手した。どのように調査を進めたらよいか。

A

　本社主導で調査範囲を決定するとともに，海外子会社の実査や関係者のインタビュー等により調査を行い，発生原因の分析，再発防止策の提言を行う。

⑴　海外子会社における不祥事に対するスタンス

　海外子会社において不祥事発生の可能性が生じた場合，早急に正確な事実を把握することが重要である。そのためには，国内の子会社の場合と同様，日頃から内部統制の一環として管理体制の整備やレポートラインの確認等をしていることが望ましい。特に，海外子会社の場合は物理的に本社から隔離されていることもあり，危機発生時点において初めて本社から指示したのでは十分に関係書類，証拠物，関係者等の確保が難しい場合があるため，普段から子会社からの情報提供が十分になされているか，確認をしておく必要がある。

　なお，規模や具体的な事実関係等によるところも大きいが，海外子会社における不祥事対応については，親会社である本社にてコントロールすることが望ましい。子会社に任せておくことにより，本社における同種事例とのバランスや関係会社への波及効果等に配慮のない結論や対応をする場合があるからである。

⑵　社内調査の流れ

　不祥事が発生した場合の社内調査の流れとしては，大きく，①初動対応，②本格調査，③処分の要否の決定および再発防止対応に分けられる。

(i)　初動対応

　不祥事発生の情報を得た場合には，直ちに初動調査に取り掛かることが必要であり，そのためにこれを可能とする体制を整備しておく必要がある。海外子会社の問題が発覚する端緒としては，自白，内部・外部からの通報，親会社としての監査等が考えられるが，いずれの場合であっても，本社（特に法務部や内部監査部等，実際の不祥事に関与している可能性が最も低く客観性が担保できる可能性が高い部門）が中心となって調査を行うことになる。客観性や正確性を期するという観点からは，初動の段階から日本や現地の弁護士事務所に相談しつつ調査に着手することも検討に値する。

　初動調査で最初に行うべきは，関係書類やメール，電子データを含め，証拠となりそうな物品の保全，および海外子会社におけるレポートラインの確認である。特に，横領や客先からの賄賂等金員が絡む場合には，直接の関係者の保全（所在の確認と連絡手段の確保）を直ちに行い，連絡がつかなくなる等の事態を防ぐべきである。

　並行して，調査範囲の確定を行う。不祥事がどこまでの範囲で及んでいて対外的な影響があるのか否か（類似事例がないか，同一部門における同様事案はないか，取引先への影響はあるか，製造ラインへの影響はあるか等）を正確に把握することで，本格調査の効率性を上げることができる。その際には，現場に近い人間からのヒアリングは必須であろう。

　また，事後に定期的に方針を見直すことも必要ではあるが，初動調査の段階においては，監督当局や司法官憲への連絡の要否やタイミングを検討することが重要である。特に，現地の監督当局等に対する報告等が遅れた場合には，そのような報告等の遅延について別途の制裁を受ける可能性や，事業遂行上必要な許可・免許に悪影響を及ぼす可能性，競争法違反等の場合には罰則減免措置（リニエンシー制度）を受けられる可能性もあることから，現地法規制上の問題についても現地の弁護士に十分なアドバイスを得ておく必要がある。

　自社の企業規模や不祥事の影響・深刻さによっては，マスコミに対して事実関係を公表したり，記者会見を行ったりするか否かについても，この初動調査

のタイミングで並行して検討することとなる。

(ii) 本格調査

　初動調査の結果に基づき，本格調査を開始する。ここでは，改めて調査体制を検討する必要がある。調査範囲が確定した時点で，初動調査に関与していた従業員もヒアリング対象者に加えなければならない事態が発生した場合等，体制の組み直しが必要となることがあるからである。社内調査によっては客観性が担保できないことが窺われる重大事案となった場合，第三者による調査を委託しなければならない可能性もある。

　そのうえで，初動調査で確定させた調査範囲に沿って，効率的な調査手法およびその順番を決定する。事案に応じて，関係書類の分析や，現場の視察，関係者からのインタビュー等をどの順番で行うかを決定するが，一般論としては，現場レベルから管理職・幹部へ，内部の関係者から外部の関係者へ，という流れが望ましい。なお，関係者のヒアリングは，通常，社屋や工場において行うが，守秘性等に鑑み，担当する弁護士事務所において行うことも考えられる。

　本格調査の完了に伴い，調査結果の報告書を作成することになる。報告書は，全てを記載した完全版のほか，個人名や機密情報等をマスキング処理した公表版や要約版を作成することもある。不祥事の報告書は，後の役員責任追及訴訟等で証拠として利用されることもあることから，その記載方法やニュアンスについては細心の注意を払い，証拠に基づかない憶測等が混入しないよう，正確を期す必要がある。

(iii) 関係者の処分および再発防止対応

　不祥事対応は，事実関係の調査を行っただけでは終わらない。責任の所在を明確化し，必要に応じて適切な処分を行うとともに，具体的な再発防止策の策定およびその実施のための体制・プロセスへの落とし込み，再発防止策実施後の実効性の検証と継続的な改善が求められる。

　海外子会社が複数ある場合には，他の子会社において同様の問題が発生する

こともままあるため，海外子会社監査の際のチェック項目を，不祥事対応後に見直すことも必要な対応の1つといえよう。

(3)　社内調査を行う際の留意点

　社内調査を行う際には，上記(2)の社内調査のフェーズごとに留意すべき事項がある。

(i)　初動対応における留意点

　まず，初動調査においては，いかに素早く事案の全体像を把握するかが最大の課題と言ってもよい。したがって，実態の把握を行うに際しての障害を排除するという観点が重要であるから，①調査主体と調査対象をきちんと区別し，関与すべきでない者を調査主体から排除するとともに，②証拠保全を広めかつ確実に行い，かつ③事案に近い人員からいち早くヒアリングを行うことを心掛ける必要がある。

(ii)　本格調査における留意点

　次に，本格調査においては，網羅的な調査の実施が必要となる。したがって，①関係資料や既に行われたインタビュー結果を十分に読み込んだうえでインタビューに臨むことはもちろん，②調査対象の絞り込みを行いつつも，行ったインタビューにおいて当初調査対象予定ではなかった人員からのヒアリングを行う必要があると判断された場合にはインタビューを端折らずに行うこと，③必要と判断すれば複数回のインタビューを行うこと等が求められる。また，④通常業務に可能な限り影響の少ないスケジュールを組むことも，重要なポイントである。調査範囲や事案の複雑性，関係者の数等にもよるが，本格調査は長期にわたることも多い一方で，不祥事への対応として迅速性が求められることから，経営陣から現場まで，直接の関係者のみならず，調査の必要性への企業全体の理解を得るため，トップダウンで調査への協力指示を行うことが望ましい。

　本格調査の中心的な作業の一つであるインタビューにおいては，事後的な検

証の可能性も含め，録音をとっておく。アメリカの一部の州や香港をはじめ，国や地域によってはインタビュー対象者の同意なく行われた録音については，（関係者の処分に伴って発生しうる）訴訟手続において証拠能力が認められない可能性があることから，録音を行う場合には，あらかじめインタビュー対象者に対してその旨を告知し，同意を得ておく必要がある。また，インタビュー対象者の自由意思に基づく発言であることを裏付けるためには，代理人や第三者委員会等の独立性のある者にインタビューを実施させ，会社内部の人員の立会いを回避することも検討すべきである。

(iii)　関係者の処分および再発防止対応における留意点

　本格調査の結果を踏まえ，関係者の処分を検討するが，その前提として，就業規則等の社内ルールについて，きちんと処分の根拠および手続が示されていることが必要である。特に，国や地域によっては，明確な告知聴聞の機会を与えなければならない可能性があるため，留意が必要である。海外子会社の就業規則は，多くの場合，日本本社のものを基礎に作成されていることが多いが，懲戒理由および懲戒内容を定めている場合でも，（たとえば懲戒委員会の設置等）手続を明確に定めている例は多くないことから，かかる告知聴聞が十分に行われるよう，各国の制度を踏まえた弁護士による確認作業を行っておく必要が高い。

　再発防止策の策定および実施の場面においては，自社の文化や歴史も踏まえて，単なる監督強化にとどまらず，真に再発を防止するための措置を策定することに手段がある。したがって，不祥事を起こしづらい体制の整備（業務の自動化や記録化，チェック機能の効率化，定期的な人事ローテーション等）や，不祥事への動機への対応（対象者の目線を踏まえた教育・研修，事業規模に応じた適正な人員配置等）を検討する必要がある。また，再発防止策が実施できているかの検証作業を実効化するためには，大項目・中項目・小項目を策定することや，非効率で形式的な社内規則を増やしたりするのではなく，現場に即した社内規則の整備（使われていない規則の廃止検討を含む）を行うことが必

要である。

　そのうえで，日本人ではない従業員に対する指導という観点からは，職務分掌の再確認，服務規律と懲戒処分の十分な周知と厳格な適用を行うという，会社としての明確な姿勢を示すとともに，従業員への不祥事に関する研修と抜き打ちでの監査を定期的に行うことが，再発防止につながると考えられる。

Q17 セクハラ・パワハラ問題

現地採用の従業員から，日本から派遣されている日本人社員からパワハラを受けたとの通報があった。どのような点に注意して対応したらよいか。

A

まずは通報の詳細を聞き取り，これに基づき，必要に応じて外部の弁護士等を関与させつつ，事実関係を確認することとなる。そのうえで，調査結果を踏まえ，被害の状況を解消するための措置を実施し，関係者の処分を含めた対応を決定する必要がある。一連の対応において，関係者のプライバシーと共に，名誉と尊厳に配慮して行うことが必須である。

⑴ 海外子会社における不祥事に対するスタンス

海外子会社においてハラスメントの可能性が発生した場合，早急に正確な事実を把握することが重要である。そのためには，国内の子会社の場合と同様，日頃から内部統制の一環として管理体制の整備やレポートラインの確認等をしていることが望ましい（Q16参照）。

なお，海外子会社における不祥事対応であっても，親会社である本社にてコントロールすることが望ましい。特にハラスメントの問題においては，子会社の高い地位の役職員がハラスメントの当事者となっている場合も多く，十分な調査および対応を行うためには，本社の関与が不可欠である。また，本社における同種事例とのバランスや関係会社への波及効果等に配慮のない結論や対応を回避するというためにも，そのような対応が必要である。

⑵ ハラスメントに関する考え方

ハラスメントの概念は，職場の上司が部下の女性労働者に対して雇用維持や昇進の条件として性的関係を求めたり，男性労働者が女性労働者の嫌がる性的

な写真やポスターを職場に掲示したりする行為を捉え，1970年代半ばにアメリカにおいて女性差別の一態様としてセクシャル・ハラスメント（以下「セクハラ」という）と呼ばれるようになったことに端を発している。日本においては，1980年代からセクハラに関する議論が活発化し，1997（平成9）年の男女雇用機会均等法の改正に際してセクハラに関する雇用者の配慮義務の規定（11条）が盛り込まれるに至った。

　セクハラは，一般的に，職場において労働者の意に反する性的な言動が行われ，①それを拒否したことで解雇，降格，減給などの不利益を受けること（対価型セクハラ）や，②職場の環境が不快なものとなったため，労働者が就業する上で見過ごすことができない程度の支障が生じること（環境型セクハラ）を含む概念として説明されている。昨今では，男女問わず行為者にも被害者にもなりうること，および異性だけではなく同性に対する言動も含まれることが明確にされている。

　他方，パワー・ハラスメント（以下「パワハラ」という）は，同じ職場で働く者に対して，職務上の地位や人間関係等の職場内での優位性を背景に，業務の適正な範囲を超えて，精神的・身体的苦痛を与えたり，職場環境を悪化させたりする行為と定義づけられている。厚生労働省の指針においては，①身体的な攻撃（殴られる，蹴られる等），②精神的な攻撃（同僚の前で無能扱いする，皆の前で些細なミスを大きな声で叱責される等），③人間関係からの切り離し（挨拶しても無視される，理由なく他の社員との接触を禁止される等），④過大な要求（1人では対応できない量の仕事を押し付けられる，達成不可能なノルマを常に与えられる等），⑤過少な要求（事務職採用なのに草むしりしか指示されない，他部署に異動させられ仕事を与えられない），⑥個の侵害（個人所有のスマートフォンを覗かれる，休みの理由を根ほり葉ほりしつこく聞かれる等）を例として挙げている。

　このように，ハラスメントは一般的に認知されるようになってきた概念ではあるが，被害者が何らかの請求を行おうとする場合，法律的には，不法行為や労働契約責任を問うこととなる。

　たとえば，日本においては，不法行為（民法709条）に基づき損害賠償請求を行うこととなる。また，会社に対しては，使用者責任（同法715条）および労働契約に基づく安全配慮義務としての職場環境配慮義務違反の責任を追及しうる。また，ハラスメントの概念発祥の地であるアメリカにおいては，連邦法には特別の定めは存在しないものの，雇用機会均等委員会（Equal Employment Opportunity Commission, EEOC）は，ハラスメントを，公民権法（Civil Rights Act）第7章，雇用者年齢差別禁止法（Age Discrimination in Employment Act）および障害を持つアメリカ人法（The Americans with Disabilities Act）を侵害する雇用上の差別の一種と位置づけ，①当該行為が雇用継続の条件になっている場合，②当該行為の程度がひどくかつ蔓延しており，一般人から見て職場環境が威圧的，敵対的または濫用的な状態にあると判断するに値する場合には，違法になるとしている。また，加害行為の中には，冗談や軽口なども含まれることが明記されており，加害行為が行われることにより雇用主が無過失責任を負う（ただし，直ちにかかるハラスメントを是正したにもかかわらず，被害者がこれを不合理に甘受しなかった場合は除外）ことが明記されている。

　広く知られていることであるが，アメリカにおけるハラスメントに基づく損害賠償請求額は，極めて高額である。訴訟になる場合はもちろんのこと，和解をする場合であっても，相応の金額を覚悟しなければならない。日本におけるハラスメントに基づく損害賠償額が概ね100万円程度までが一般的であるのに対し，アメリカの場合には1億円〜2億円という事例も珍しくない。また，企業経営に対するインパクトは，当然のことながら損害賠償にとどまらず，SNS等による情報拡散によるレピュテーション上の不利益も極めて大きい。したがって，ひとたびハラスメント事案が発生すると取り返しがつかない事態に陥ることを十分に認識し，日常的なハラスメント防止策をとることが不可欠であるし，実際にハラスメント事案が発生した場合には，迅速かつ慎重に対応をすることが肝要である。

(3) ハラスメント事案における留意点

　ハラスメントは，行為者に「そのつもり」がないことが多く，多くの場合自覚がない。したがって，ハラスメントを受けたと主張する被害者からの申告で初めてその可能性に気付くという事態が往々にして存在する。また，被害者としても，被害にあった自覚はあるものの，（セクハラの場合には比較的明確ではあるものの）実際にそれがハラスメントに該当するものなのかの判断ができていない場合が多い。

　このように，ハラスメント事案においては，仮に申告があったとしても，実際にそれがハラスメントに該当するかどうかについては，十分に事実関係を把握してからでないと判断できないことが多い一方で，事案の内容が性的趣向や能力等にわたることから，行為者・被害者のいずれにとっても，非常にセンシティブな内容になる傾向が強い。特に，文化的・宗教的に異なるバックグラウンドの現地従業員が当事者となる場合には特にその傾向が強い。したがって，雇用主としてこの種の問題を取り扱うに際しては，プライバシーや名誉，尊厳への配慮が不可欠である。

　そこで，まず，内部通報等を含め，一次的な報告を受けた場合には，誠意をもって話を聞く必要がある。また，ただ話を聞くだけではなく，いったい被害にあったと主張する者の認識や意向を法的評価をしながらしっかりと把握することも重要である。

　したがって，ハラスメント事案におけるヒアリングを行うにあたっては，外部弁護士の活用を検討することが望ましい。上記のとおり，センシティブな内容にわたる可能性が高いことから，ヒアリング以降も同じ職場において勤務をする可能性のある内部者に対して事実関係を話すことにためらいを感じる関係者は少なくない。したがって，外部者である弁護士が，客観的に被害者および加害者（と主張されている者）のヒアリングを行うことで，中立性を維持するとともに，十分な事実関係の聴取を行うことが望めるからである。

　そして，ハラスメントは，多くの場合1対1のやり取りの中で発生することが多いことから，弁護士が行う場合でも，内部の監査部等が行う場合であって

も，当事者からのヒアリングを中心とした事実関係の調査を詳細に行う必要がある。客観的な情報（発生したとされる日時，場所，状況等）を把握したうえで，中立的かつ客観的に，ヒアリングを行うよう心掛ける。

　ハラスメント事案においては，ハラスメントの事実が確認できる場合であっても確認できない場合であっても，被害者として申告をした者と加害者であると主張された者とがその後も同一の部署で勤務する環境は可能な限り避けることが望ましい。海外子会社においては，オフィスが小さいこと等も考えられることから，日本からの出向者については，別の海外子会社に移すことや，本社に戻すことも考えられる。

　ハラスメントの事実確認ができた場合，まずは被害者に対する配慮の措置を適正に行う。特にアメリカのように，ハラスメントに基づく多額の賠償責任が認められる国や地域においては，被害者との間で和解契約をするとともに和解金を支払うことを検討すべきである。事実関係の軽重や先例に則した適切な対応を行うため，専門の弁護士を活用し，そのアドバイスに基づいて行うことが必須である。また，並行して，行為者に対する措置も適正に行う。被害者に対する対応と行為者に対する措置のタイミングがずれることによって，被害者に二次被害的な精神的苦痛を与えてしまう可能性がありうることから，タイミングについては，細心の注意を払わなければならない。

　当該事案への対応が終わった場合，または，事実関係が十分に確認できない場合であっても，再発防止策の策定と実施は不可欠である。定期的にハラスメント防止のための研修を実施し，取組みの定期的な検証と見直しを行うことで，常識に即したハラスメント防止策を確立していくことが望ましい。

Q18 ストライキ対応

> 当社の海外工場の工場長から，従業員のストライキが発生して生産ライ
> ンが止まっているとの一報があった。どのような初動対応・指示を行って
> おけばよいか。

A

　本社および現地での対応チームを組成し，一体として行動することが望まし
い。具体的な対応としては，組合側の要求事項を含めた現状を可及的速やかに
把握し，政府関係機関や上部団体への連絡および説明をしながら，具体的な対
応策を策定し，交渉を行うこととなる。現地への初動対応としては，事実関係，
関係法令および要求事項の把握を指示しておくべきである。

(1) 日本におけるストライキの法的位置づけ

　日本国憲法においては，ストライキを含む争議行為に関する権利は，基本的
人権として保障されている（28条，団体行動権）。争議行為は，労働契約に基づ
く労働提供義務を履行しないという不作為（債務不履行）であり，使用者の業
務を故意に集団的に阻害するものであるものの，労使間の交渉力格差を是正し，
対等な交渉を実現するために保証された団体交渉権を奨励することから，歴史
的に，刑事責任および民事責任が免責されるに至っている（刑事責任について
労働組合法１条２項，民事責任について同法８条）。なお，刑事免責にかかわらず，
暴力の行使については，労働組合の正当な行為と解釈されないことが明確にさ
れている（同法１条２項但書）。

　しかし，上記のとおり，争議行為が労働契約に基づく義務の債務不履行を伴
うものであることから，争議行為が各種の免責を受けるためには，「正当」な
ものでなければならない。争議行為の正当性は，①主体，②目的，③開始時期
および手続，④手段および態様の４つの要素を加味して判断される。

　まず，主体（上記①）については，争議行為が団体交渉の奨励ゆえに免責されることから，当該争議行為を遂行した者が団体交渉の主体となりうるかが基準となる。その意味で，組合員の一部集団が組合所定機関の承認を得ずに独自に行うストライキ（いわゆる山猫スト）は，正当性が認められない。次に，目的（上記②）については，団体交渉上の目的事項のために行われるものか否かが基準となる。したがって，政治的主張の貫徹を目的として国または地方公共団体の機関を直接の名宛人として行うストライキ（いわゆる政治スト）や，既に使用者と争議状態にある他の労働者の要求の実現を支援する目的で遂行するストライキ（いわゆる支援スト）は，正当性が認められない可能性が高い。また，上記のとおり，争議行為が団体交渉の奨励を目的とするものであることから，一般的には，正当な争議行為の開始には，使用者が労働者の具体的要求についての団体交渉を拒否したこと等団体交渉が奏功しなかったこと等が求められる（開始時期および手続，上記③）。予告なしに抜き打ち的に行われた争議行為については，使用者の事業運営に混乱等をもたらしたか，そのような混乱等が意図されていたか等の事情から，信義則に反するかどうかは判断される。手段および態様（上記④）については，労務の不提供や怠業といった不作為については正当性が原則認められるが，暴力や破壊行為等は免責が認められない。

　正当性が認められない争議行為については，労働者側に債務不履行および損害賠償責任を生じさせることとなる。また，併せて，企業の秩序維持の観点から会社としては懲戒処分を行うこととなる。なお，正当性がない場合はもちろん，争議行為が行われる場合には，ノーワーク・ノーペイの原則に基づき，給与は支払われない。

(2)　各法域での制度

　団体行動権は基本的人権として保障されていることからもわかるとおり，労働者が組合として行動する限りにおいて，その保障をしている国が多い。日本企業が工場を有する子会社を置いていることの多い地域の例を見ると，以下のとおりである。

　メキシコにおいては，メキシコ連邦労働法（Mexican Federal Labour Law）において，ストライキを行う権利が定められているが，実際にストライキを行う場合，事前の手続が必要とされている。すなわち，労働組合は，ストライキを敢行しようとする場合には，まず労働裁判所に対してその旨の通知を提出しなければならない。当該通知は，一般企業の場合にはストライキの6日前，公共サービスを提供する企業の場合には10日前までに提出する必要がある。そして，当該通知に対して会社側が反論を提出し，これに基づいて，労働裁判所により和解のためのヒアリングが設定され，当該ヒアリング期間に合意できなければ，ストライキ敢行となる。なお，適法なストライキとするためには，労働者の過半数の参加が必要となり，この要件を満たさない場合には，会社側がストライキの取消しを労働裁判所に申し立てることができる。

　タイにおいては，ストライキを含む労使交渉の手続が労働関係法（the Labour Relations Act）において定められている。具体的には，労使交渉の要求書の提出，団体交渉およびその決裂，労働調停官（Labour Dispute Conciliator）による調停およびその不調を経た後でなければストライキ（およびその対抗手段であるロックアウト）を実施することはできず，これに反する場合には違法なストライキ（またはロックアウト）となる。

　インドにおいては，憲法（the Constitution of India 1949）において，ストライキ権が基本的人権として認められており，これに基づき，労働者は（公共事業に従事していない限り）通告なくストライキを行う権利を有し，これに対抗する手段として，雇用主はロックアウトを宣言する権利を有するとされる。ただし，インド産業紛争法（the Industrial Dispute Act, IDA）は，ストライキおよびロックアウトを禁止する場面を定めており（たとえば，調停手続，裁判手続，仲裁手続が係属している等，22条および23条），これに反して行われたストライキおよびロックアウトは違法と判断され，罰則も科せられることとなる（同法26条）。

　中国においては，1954年の憲法において定められていた労働者のストライキ権に関する規定は，現行憲法（1982年）法から削除され，いまだ憲法上の権利

としては保障されていない状態になっている。他方で，実際にストライキが発生した場合には，労働行政当局や警察が解決する責務を負っている。

　ベトナムでは，労働組合法（2012年）に，労働組合がストライキを組織し指導することが定められており（10条），労働法（2012年）209条以下において，ストライキを行うための手続の流れが定められている。具体的には，労働組合内で意見聴取を行い，聴取した意見の50％超が賛成の場合にストライキが決定される。ストライキに対抗する使用者側のロックアウトの権利も定められており（同法216条），ストライキおよびロックアウトそれぞれについて禁止される場合等が併せて定められている。

(3)　ラインが止まってしまった際の対応策

　ストライキは，団体交渉が奏功しない場合の打開策の一つであることから，その背景には必ず労働者側の要求事項が存在する。

　したがって，ラインが止まってしまった場合には，まず，初動対応として，その要求事項を確認することが重要である。また，法域によっては，上記のとおり，ストライキの具体的な手続が法律において定められている場合があるので，各法域の労働法および労働組合に関する法令の内容を外部弁護士と共に確認し，ラインが止まってしまった状態に先立つ通知等，法律上の手続が履践されているかどうかについてもチェックする必要がある。現地法人に対しては，この2点をまず確認するよう指示を出すべきである。

　このうえで，ライン自体を止めたままにしておかなければいけないか（すなわち，代替の労働者や非組合員，管理職等によってラインを再開することができるかどうか）について，各法域により規定が異なるため，外部弁護士を交えて，法規制を十分に確認する必要がある。

　なお，仮にライン再開が認められる場合であっても，労働者側との交渉を十分に行わないままでラインを再開するという判断を行うことについては，慎重な判断が求められる。労働者側の要求に対する交渉という，根源的な解決をしないままで労働者側の交渉手段を奪うことにつながるからである。ライン再開

ができるか否かにかかわらず，ストライキの理由が要求事項にあることを忘れてはならない。

　いずれの法域においても，労働者側との真摯な交渉が重要であることを念頭に置いて，日程の調整を行うとともに，労働者側の要求事項を踏まえたうえでの具体的な対案を準備して，団体交渉に臨む必要がある。

Q19 従業員の解雇

> 海外子会社から，出来の悪い従業員を解雇したいという相談を受けた。日本では解雇がなかなか認められないと理解しているが，他国においても同様に認められないものか。お金を払ってやめてもらうことはできるか。

A

各国の労働法制により，金員の支払いがなくとも解雇できる場合，金員の支払いをして解雇することができる場合，金員の支払いをしても解雇できない場合のいずれの可能性もありうる。日本の労働法を前提とした対応を行うのではなく，各国労働法制を十分に踏まえた対応が必要である。

(1) 日本における解雇権濫用法理

日本法上，労働契約は雇用主と従業員の契約関係であるが，労働基準法をはじめ，その交渉力の差に鑑みて従業員の保護が手厚くなされている。特に，労働契約の一方的な終了の場面においては，従業員側からの終了（辞職）については，2週間の事前告知で当然に終了することができるのに対し（期間の定めのない契約の場合，民法627条），雇用主側からの終了（解雇）については，いわゆる解雇権濫用の法理が適用され，客観的に合理的な理由を欠き，社会通念上相当であると認められない解雇は無効と判断される（労働契約法16条）。

解雇権濫用法理は，極めて厳しく判断されている。客観的に合理的な理由としては，大きく，①従業員の労務提供の不能や労働能力・適格性の欠如や喪失，②企業秩序の違反，③経営上の必要性に基づく理由，④ユニオン・ショップ協定に基づく場合が挙げられるが，裁判所は，これらの理由がある場合であっても，解雇の自由が重大な程度に達しており，他に解雇回避の手段がなく，かつ労働者側に宥恕すべき事情がほとんどない場合にのみ解雇相当性を認めていると評される。なお，上記のうち，特に経営上の必要に基づく場合（上記③，い

わゆる整理解雇）については，❶人員削減の必要性，❷整理解雇を選択することの必要性（解雇回避努力義務の履践），❸被解雇者選定の妥当性，❹手続の妥当性が加味され，その相当性が判断されている。

　解雇権濫用法理のほか，業務上災害による療養者や産前産後の休業者の解雇については，休業期間およびその後30日間は解雇が制限され（労働基準法19条1項），また，30日前の解雇予告義務が課せられる（同法20条1項）等，辞職の場合に比して，解雇には非常に重い制限が課せられていると言える。

(2)　海外での解雇の考え方
(i)　Employment at willという考え方

　海外においては，日本における解雇権濫用法理とは異なる考え方が採用されていることが通常である。たとえば，アメリカにおける雇用は「employment at will」（随意雇用契約）と呼ばれ，従業員側だけではなく，雇用主側からも，いつ何時でも，特段の理由なく終了させることができる（期間の定めのない労働契約の場合）。アメリカでは，雇用主と従業員の契約関係にも，契約自由の原則が強く反映されており，at willの場合には，解雇予告すら不要とされている（ただし，整理解雇の場合には，労働者調整および再訓練予告法（Worker Adjustment and Retaining Notification Act）に基づき60日間の解雇予告が求められる）。

　このようなat willという考え方を基本としているのは，アメリカだけではない。シンガポールや香港においては，解雇に際し，予告通知は必要であるが，原則的に解雇理由は不要とされている。

　ただし，at will 契約である場合には，いついかなるときも解雇は有効となるわけではなく，解雇が無効と判断される場合が存在する。

　たとえば，アメリカにおいては，①雇用主と従業員の間に，事実上の合意がある場合，②雇用の終了が公序良俗に反する場合（陪審員としての責務を果たしたこと，兵役，違法な行為を拒否したことを理由とする場合等），③雇用の終了が差別禁止法令に違反する場合，または④雇用の終了が報復に当たる場合

には，解雇が違法となる。そして実際には，上記③に基づく不当解雇主張は極めて多い。また，労働協約等に違反する場合にも解雇はできないこととなる。

したがって，単にat willであることだけを理由に解雇を決定するのではなく，当該従業員との契約関係を確認し，具体的な背景事情を踏まえて十分な検討をしたうえで，解雇の判断を下すべきである。

(ii)　解雇に厳格な対応をする法域

日本と同様，解雇について厳格な対応をする国としては，韓国が挙げられる。韓国においては一般的に30日解雇予告通知が求められるほか，解雇においては正当な理由が必要とされ，その基準は利益相反取引や横領等の故意による行為があれば格別，それ以外の場合には一概に判断できない程度に厳しいとされている。

また，中国においても，解雇予告通知のほか，解雇における法令に定められる正当な理由が必要とされている。ただし，中国における解雇事由の判断は，日本や韓国ほど厳格ではなく，普通解雇が行われる例も相当数ある状況である。

ドイツにおいては，ワーク・カウンシル（Work Council）制度が存在しており，解雇を行う場合には，原則として1週間前にワーク・カウンシルに対してその旨の通知を行う必要がある。かかる通知が行われなかった場合には，解雇自体が無効と判断されることになるため，非常に重要な手続といえる。

解雇に際して当局の許可を必要とする法域も存在する。たとえば，インドネシアにおいては，雇用主による一方的な解雇は認められておらず，労使関係裁判所（Industrial Relations Court）の承認を得なければならない（なお，合意退職の場合には，合意書を同裁判所に登録する必要がある）。

(3)　海外雇用関係を取り扱う際の留意点

日本のように解雇が厳しい国であっても，アメリカのようにat willを原則とする国であっても，人材を雇い入れる際には，当該人材にどのような基準を求め（qualification，資格等），どのような業務を担当させるのか（job description，

職務分掌）を明確にしておくことが有効である。これらを明確化することで，社内における人員余剰を回避するとともに，効率的な雇用計画を立てることができる。

特に，職務分掌については，評価の基準となりうることから，明確かつ具体的な内容を定めるとともに，当該従業員に共有し，サインを求めるなどして，十分に認識させることで，紛争を予防することにもつながる。

なお，日本では，採用活動に際して，年齢や性別，家族構成等を履歴書に記載させるが，差別に敏感なアメリカにおいては，そのような採用活動は認められない（差別と判断される可能性が高い）。このように，文化の違いを念頭に置いて，応募の段階から紛争予防を意識した雇用を目指すべきである。

また，解雇が有効にできる場合であっても，社会保険の処理などについては，別途の考慮が必要となることから，都度具体的な手続については現地法の確認が不可欠である。

(4) 設問の場合

設問の場合，「出来が悪い」ことを理由とした解雇を行おうとしていることから，これがどの国の子会社かによってとるべき対応が異なる。

たとえば，アメリカやシンガポール等であれば，at willを原則としていることから，解雇理由の説明なく，解雇を行うことができ，その場合（解雇予告手当は別にして）特段金員の支払いは不要である。他方，韓国や中国の場合には，正当な理由が必要となり，慎重な判断が求められる。また，タイであれば，退職手当を支払うことで確実に解雇をすることができることになる。

各法域の法制度を十分に確認したうえで，適宜現地の弁護士に相談しながら進めることが望ましい。

Q20　海外委託先の工場における労働問題

> 当社は，X国に支社を有する会社であるが，この支社から当社製品の製造を委託しているX国内の工場で児童労働が行われているとの情報を得た。非常に安価で製造を受託してくれる工場なので，できれば委託を継続したい。仮にこの状況を放置した場合，委託元である当社にどのようなリスクがあるか。

A

　現地国の労働関連法規により処罰される可能性のほか，一定の領域で事業を行う企業に対して適用される国際法に関連して法的責任が問われる可能性がある。

　また，法的責任のみならず，いわゆる企業の社会的責任（CSR）の観点から生じるビジネス上のリスクにも留意すべきである。

(1)　児童労働に伴う法的責任とは

(i)　該当する国の法律による法的責任

　国際労働機関（ILO）の「就業が認められるための最低年齢に関する条約」は，児童の就業最低年齢は（一部の軽労働や危険業務を除いて）義務教育終了後，原則15歳であり，開発途上国においては原則14歳であると定めている。この条約を批准する国は，これに従った国内規制を整備しなければならない。長年この条約を批准していなかったインドも，2017年に批准に至り，2020年1月現在，172カ国がこの条約を批准している。

　各条約批准国の国内法による具体的な規制内容は国により異なるが，原則的な就業最低年齢を15歳，危険性の高い就業については18歳としたうえ，軽易な労働については一定の条件の下で13歳以上15歳未満の者の就業を認めることができる，といった定めが標準的である。

　設問のケースにおいては，まず現地の法律事務所などを介してX国の労働法で定められている就業最低年齢を確認するとともに，委託先工場で行われている「児童労働」の実態を調査して，仮に委託先工場において就業最低年齢を下回る児童による労働の実態がある場合には，これを改善できない限りは，直ちに委託を中止すべきである。なお，「非常に安価」で委託が可能であるという事情からすれば，児童労働が行われているという点以外にも，違法または不当な労働が行われている可能性が否定できないため，その点もあわせて違法不当な労働の実態がないかを確認する必要があるであろう。

(ii)　国際法による法的責任

　近年，欧米諸国やILOにおいては，「現代の奴隷制」を根絶しようとする動きが広がっている。ここでいう「奴隷」とは，一般にこの言葉から連想されるような強制労働，人身取引といった過激なものに限られず，児童労働や搾取的な家事労働などをも含む広い概念である。具体的には，個々の企業内部の適正化にとどまらず，サプライチェーン全体の適正化を図ろうとする法整備が実施されている。

　このような制度趣旨から制定された法律に，イギリスの現代奴隷法（Modern Slavery Act 2015）や，アメリカにおけるカリフォルニア州サプライチェーン透明法（California Transparency in Supply Chains Act of 2010）などがある。これらの法律は，領域内で事業を営む一定の事業者を対象として，企業やサプライチェーンに関する所定の情報（たとえば，奴隷制防止に関する方針や，事業活動における奴隷制防止体制に関する評価プロセスなど）を報告させることで事業の透明化・適正化を促すものである。このように規制自体は情報提供というそれほど厳しいものではないものの，カリフォルニア州やイギリス以外で設立された企業も対象となるなど規制対象は広範である。

　アメリカでは，カリフォルニア州サプライチェーン透明法に基づく情報開示が不十分であるなどとして，企業が集団訴訟を提起されるといった動きもあり，取引先を含む労働の実態を把握・整備しなければ，責任を問われかねないとい

うリスクもある。

⑵ 企業が負うべき社会的責任（CSR）とは

　法的な責任とは別の問題として，近年，企業の「社会的責任」や「CSR（Corporative Social Responsibility）」と呼ばれる考え方が広く普及しており，児童労働や劣悪な環境での労働を利用する企業に対しては社会からの目が厳しくなっている。たとえば，東南アジアの工場において，劣悪な環境で長時間労働や児童労働を強制していたことが判明したアメリカの大手スポーツ用品ブランドや大手アパレル企業に対しては，世界的な批判が起こり，大規模な不買運動にまで発展した。

　さらに近年，海外のNGOの中には，先進国のビジネスに利用される労働の実態について独自に調査するとともに，労働問題が疑われる企業に対して，製造工場などの労働状況について，調査やホームページ上での調査結果の公表，具体的な労働環境の改善などを求めて交渉するといった活動を行うものもある。このような交渉に誠実に対応しなければ，NGOによる啓蒙活動によって企業のイメージが失墜し，不買運動に発展するおそれも否定できないため，対応せざるを得ないという構造がある。

　このような背景から，特に国際的に事業を展開する企業においては，CSRを果たすための取組みが強化されている。具体的には，大手メーカーなどにおいて，自社や子会社のみならず，サプライヤーに対しても自社のCSRの基準に照らして不当な点がないかを調査させ，その結果の報告を求めるなどの取組みが行われている。これにより，東南アジアにおける違法な労働に関与しているなど，一般に果たすべきと考えられているCSRの基準に満たないサプライヤーは，大手企業のサプライチェーンから排除されかねないというビジネス上のリスクも存在している。

　設問の事例においては，調査の結果，X国の労働法には違反していなかったとしても，レピュテーションの失墜や取引先のサプライチェーンからの排除といったビジネス上のリスクを回避するという観点からは，現地における労働の

実態を把握し，労働環境が劣悪であるなど不適切な労働が行われていることが判明した場合には，その工場への委託を速やかに停止するなどして委託先を含めた労働環境全体の適正化を図るべきである。

Q21 製造物責任

当社の製造販売した工業機械が，日本にある取引先を通じて，エンドユーザーである外国企業に納入されたが，その機械の使用中に当該企業の従業員が怪我をしたという連絡が入った。当社はどのような法的責任を負うのか。

A

一般的に，工業機械は製造物責任法理における製造物に該当すると考えられることから，当該工業機械の製造者として責任が認められる可能性が高い。ただし，本件では，日本の製造物責任法の適用の可否が明らかではなく，かつ，製造物責任法制の内容は法域によってそれぞれ異なるため，まずは，どこの製造物責任法制が適用されるのかについて十分な検討が必要である。

(1) 製造物責任とは

製造物責任とは，一般に，製造物の欠陥により，人の生命，身体または財産にかかる被害が生じた場合に，当該製造物の製造業者等に，当該被害に対する賠償責任を認める法理である。

製造物の購入者は，購入元である売主に対しては売買契約上の債務不履行責任等に基づく責任追及をすることはできるが，直接契約関係を有しない当該製造物の製造業者や輸入業者に対して契約責任を追及することはできず，これらの者を相手に責任追及をしようとする場合は，不法行為法理によることとなる。そして，この場合，請求をする被害者側において，不法行為の主張・立証をしなければならないところ，相手方側の故意・過失という主観に関する立証責任は極めて重い。製造物責任法理では，一般的に，被害者の立証責任を軽減することにより，その責任を公平に負担させることを目的としている。

(2) 日本法における製造物責任法の概要

　日本の製造物責任法（平成6年法律第85号）は，一般的に不法行為責任の特則と位置づけられている。すなわち，通常，エンドユーザーが製造物の製造業者等に対して責任追及をする場合には不法行為（民法709条）に基づいて請求することになるところ，製造業者等側において免責事由を立証しなければならないと規定することにより，立証責任を転換している（製造物責任法4条）。

　同法による責任追及が可能な「製造物」とは，製造または加工された動産とされ（同法2条1項），その「欠陥」とは，その製造物の特性や，通常予見される使用形態，その製造業者等が製造物を引き渡した時期等の事情を考慮したうえで，当該製造物が通常有すべき安全性を欠いていることとされている（同条2項）。

　そして，責任追及の対象となる「製造業者等」とは，対象製造物を業として製造，加工，または輸入する者（同法2条3項1号）のほか，当該製造物に自ら製造業者として氏名，商号，商標その他の表示（以下「氏名等の表示」という）をし，または当該製造物にその製造業者であると誤認させるような氏名等の表示をした者（同項2号），および当該製造物に実質的な製造業者と認めることができる氏名等の表示をした者（同項3号）を含む。

　製造業者等が立証することにより責任を免れることができる免責事由については，①製造業者等が当該製造物を引き渡した時点における科学的・技術的知見によっては，その欠陥を認識できなかったこと（同条1号），または②製造物が他の製造物の部品や原材料として使用されている場合において，問題となる欠陥が専ら当該他の製造物の製造業者が行った設計に関する指示に従ったことにより生じ，かつその欠陥が生じたことにつき過失がないこと（同条2号）とされている。

　なお，製造物責任法による責任追及は，被害者もしくはその法定代理人が損害および賠償義務者を知った時から3年間（ただし，人の生命および身体への侵害の場合には5年間），製造業者等が当該製造物を引き渡した時（ただし，身体に蓄積した場合に健康を害することとなる物質の場合にはその損害が生じ

た時）から10年間，それぞれ経過した場合に，時効により消滅する（同法5条）。

(3) 各国の規定

　製造物責任（Product Liability）は，ヨーロッパ・アメリカをはじめ，多くの国で認められる概念であり，特別法として定められている例も多いが，中国やシンガポール等，日本と取引関係が多い法域の中には，特別法を置かず不法行為（negligenceやtort）の一般法理の中で処理するところも数多く存在する。

　そのため，実際に製造物責任が問題となった場合には，各法域における法制を確認することが必要不可欠である。

　製造物責任に関する特別法を制定している法域の中でみると，たとえば，ヨーロッパでは，1985年に当時のEC（欧州共同体）の閣僚理事会が採択した欧州指令（Directive 85/374/EEC on liability for defective products）が製造物責任の法理を定めている。この欧州指令は，単体で加盟国各国における法令として効力を持つものではなく，各国において制定する法律により初めて法源となるもので，加盟国各国の裁量が認められており（同指令15条），各国により少しずつ制度内容が異なるが，同指令の概要は以下のとおりである。なお，EUでは，各国における同指令の適用状況を確認するため，5年に1度，欧州委員会および欧州議会に報告がなされている（同指令21条，最新の報告は，2011年〜2015年の状況に関するもので，2018年に提出された第5次報告書である）。

(i)　対象となる製造物（product）は，EEA域内において取引されるすべての製品とされている（当初Directive 85/374/EECにおいては農作物（agricultural）および水産物（fishery）が除外されていたが，その後Directive 1999/34/ECにより適用範囲が拡張された）。

(ii)　責任追及の対象となる製造業者等（producer）については，一次的には，自社の名称や商標等を掲げて当該製品を製造している最終製品の製造業者，原材料の製造業者，および半製品や部品の製造業者とされ，二次的に対象製品の輸入業者とされている（Directive 85/374/EEC3.1条）。そして，これらの

業者が明らかでない場合には，被害者に対して一定期間に上記製造業者等を
明らかにしなかったサプライヤーは全て製造業者等とみなされることとなる。

(ⅲ) なお，製造者等が製造物責任を負わない場面として，製造者等が，①当該
製品を自ら商流に載せたものではないこと，②当該製造業者等が製品を商流
に載せた段階では損害の起因する当該欠陥は存在しなかったことの蓋然性が
高いこと，③販売または経済的な販売目的で製造したものではなく，または
通常業務において製造，販売されたものではないこと，④当該欠陥が当局の
発行する規制に基づいていること，⑤当該製造業者等が製品を商流に載せた
当時の科学的および技術的な知見では当該欠陥の存在が発見できなかったこ
と，⑥部品の製造業者の場合で，当該欠陥が当該部品が組み込まれた製品の
設計によるものであることまたは当該製品の製造業者の指示によるものであ
ることのいずれかを，立証した場合を挙げている。

他方，製造物責任に基づく集団訴訟等が数多くみられるアメリカには，実は，
連邦レベルでの統一的な製造物責任法は存在しておらず，各州において，無過
失責任（strict liability），不法行為（過失（negligence）や欺罔（fraud）等），
保証（warranty）といった理論に基づいてその請求が認められている。無過
失責任については，1963年にカリフォルニア州最高裁判所がグリーンマン事件
（*Greenman v Yuba Power Prods Inc.,* 377 P. 2d 897（Cal. 1963））において初めて
その法理を認めたことに端を発し，1965年にアメリカ法律協会（American
Law Institute）が不法行為第2リステイトメント402条Aに製造物責任に関す
る記載を盛り込むに至ったものであり（Section 402（A）of its Restatement（Second）），
この第2リステイトメントは，多くの州で取り入れられている。

いずれにしても，問題となる国別に，適用対象（製造物の定義，製造業者の
範囲），免責範囲，時効等の確認が必要である。

(4) 製造物責任の準拠法

製造物責任が問題となる局面においては，製造者と被害者との間に契約関係

が存在しないため準拠法についての合意もなく，各国の裁判所において適用される国際私法ルールに基づいて準拠法が定まることになる。日本の裁判所で適用される国際私法である通則法によれば，製造物責任に基づく請求権の成立および効力については，被害者が生産物の引き渡しを受けた地の法に基づいて解釈されることを原則とし（18条本文），その地における引渡しが通常予見することのできないものであった場合には，製造業者等の主たる事業所の所在地の法によることとされている（同但書）。したがって，製造業者等は，日本国外に出荷される予定の製品については，実際の消費国の製造物責任に関する法規制の適用を受ける可能性が高い。製造物責任に基づく訴訟の提起についても，人的管轄が認められる限りにおいては，消費国の裁判制度に基づく可能性が高い。

(5) 設問の場合

　設問においては，製造販売した工業機械をまず日本にある取引先に対して販売している。この点，エンドユーザーである外国企業に納入されることが前提となっていた場合や，日本にある取引先が輸出商社等の場合には，外国への納入について予見可能性が十分にあったとして，当該外国の法令に基づいて製造物責任が検討されることとなる。他方，転売されることを予見し得なかった場合には，日本の製造物責任法に基づいてその責任の有無が検討されることとなる。ただし，これは日本の裁判所が通則法を適用して判断した場合であって，外国裁判所が判断した場合にはこれと異なる法律が適用される可能性がある。

　いずれの場合であっても，対象となった事故の経緯や当該工業機械の使用方法等の事実関係の調査を十分に行い，適用法における時効（および除斥期間）を含む各種の抗弁の可能性についても十分な検討を行うことが重要である。

Q22 模倣品対応

　海外出張に行った従業員から，当社の販売している製品の模倣品を見つけたという報告があったが，どのように対応したらいいのか。

A

　当該国における自社の権利関係の確認，侵害品の確保および被害の状況の確認を行い，民事的・刑事的な対策の検討および行政への協力要請を行うとともに，今後同様の被害を防止するための対策をとることが推奨される。

(1)　知的財産権の種類とその保護

　知的財産権には，新しい発明を保護する特許権，物品の構造・形状の考案を保護する実用新案権，商品・サービスに使用するマークを保護する商標権，物品のデザインを保護する意匠権，文芸・音楽等の思想や感情が表現された著作物を保護する著作権等が存在する。このうち，産業財産権（特許権，実用新案権，商標権，意匠権）については，原則として法域ごとに権利が成立し，当該法域内でのみ効力が生じることが一般的である。

　多くの国において，日本と同様の種類の産業財産権が存在しているものの（【図表２−１】参照），実態審査の有無等の違いが存在するうえ，審査期間の遅延等により，必ずしも日本と同等の保護が図られるとは言えない地域も多い。

(2)　模倣品市場の状況

　模倣品とは，商標権侵害品，意匠権侵害品などを指す言葉であるが，昨今では，特許権を侵害する製品についても，技術模倣品として模倣品の範疇に含まれている。具体的にはブランド品や時計，電化製品等が代表的な模倣品として挙げられる。これに対し，海賊版とは，音楽，映画，コンピュータ・ソフトなどの著作権を侵害する商品を指す（以下，模倣品と海賊版を合わせて「知的財

【図表2－1】各国の産業財産権制度

	特許権	実用新案権	商標権	意匠権
日本	○	○実態審査無	○	○
アメリカ	○	×	○	○
ドイツ	○	○実態審査無	○	○実態審査無
中国	○	○実態審査無	○	○実態審査無
韓国	○	○審査請求制度有	○	○実態審査無，制度併存
インド	○	×	○	○
台湾	○	○実態審査無	○	○

○：制度有（コメントの記載がない箇所は実態審査がある）　×：制度無
（出所）特許庁ウェブサイト「諸外国の制度概要（一覧表）」（更新日：2019年4月8日）を
　もとに作成（https://www.jpo.go.jp/system/laws/gaikoku/sangyouzasisankenhou_itiran.
　html）。

産侵害物品」という）。

　日本企業が被る模倣品による被害は，アジア地域のみならず，ヨーロッパ，南米，中東等にも拡大しているが，その背景には，中国において安価で比較的良質の模倣品が大量に製造されていること，インターネットによる売買，海外向け輸送手段の発達等による搬送の容易化によるところが大きい。

　特許庁による模倣被害実態調査（2018年度実施）によれば，2017年度において日本の産業財産権を保有する企業のうち，同年度中に模倣被害を受けた企業数（全体推計）は11,643社（全体の7.0％），うち，模倣品の製造国，経由国および販売提供国をみると，いずれも中国が最多（それぞれ4,703社，1,791社，2,446社）であった。

(3)　模倣被害への対応①──海外で発見された場合

　上記のとおり，産業財産権については国単位で権利が成立することから，海外において知的財産侵害物品が発見された場合においては，そもそも権利者として何らかの対応をとることができるか（＝各国において権利が取得できているか）の確認を行ったうえで，各国における保護・対策制度の確認をすること

となる。

(i) 対応手段検討の前提——各種調査

　まず，知的財産侵害物の真贋判定を行う必要がある。すなわち，実際にそれが模倣品に該当するかについて確認をし，証拠として押さえる必要がある。なお，国によって，最終的に訴訟の証拠として使用する場合には裁判所認可の鑑定機関における鑑定が必要になる可能性について留意が必要である。

　次に，権利関係の調査も必要である。たとえば，知的財産侵害物品の製造例が多い中国についてみると，上記のとおり，特許権，実用新案権，商標権，意匠権のいずれについても登録制度があり，当局への登録が可能である。実用新案権や意匠権については，実態審査が行われないことから，自社が行った登録と同内容の権利が後から登録されることもありうるのが実情であるが，権利登録がなされているか否かは権利の所在の立証において重要なポイントであることから，自社の権利登録がなされているか否か，そして，相手方の権利登録がされているか否かについては，いずれにしても確認すべきである。

　加えて，信頼のできる代理人を選任することも忘れてはならない。単に著名なだけではなく，知的財産侵害に関する経験の豊富な弁護士を雇うことが，個別の侵害案件への対応だけではなく，今後の再発防止にも重要である。

(ii) 各種の対応手段

　各種の調査を前提に，救済手段を決定するにあたっては，私的交渉（警告状の発状や賠償交渉等）および司法手続とは別に，行政救済が考えられる。

　私的交渉は，代理人を入れる場合と入れない場合が考えられるが，時間的・費用的コストが少なくて済むというメリットがある反面，無視される可能性や，交渉中に証拠隠滅される可能性もある。これを一歩進め，民事訴訟を提起すれば，相手方に対するプレッシャーは強くなり，損害賠償請求等の権利の実現が迅速かつ正当にできる可能性が高まる。ただし，立証の問題や，時間的・費用的コストは発生する。

　他方，行政救済については，各国によりその制度体系等も異なるが，たとえば，上記の中国の例でみれば，侵害された権利の種類により，届出を行う当局が異なることに留意が必要である。行政救済を求める場合，損害賠償請求にはつながらない点や，現地で影響力のある企業が侵害者の場合には保護主義的な見地から先方に有利な対応がされる可能性がある点等のデメリットはあるものの，コストは民事訴訟よりも低く，また，行政機関による独自調査を期待できるというメリットもある。

＊　＊　＊

　なお，日本貿易振興機構（JETRO）が各国における知的財産侵害物品対策についてまとめているので，参照されたい。

https://www.jetro.go.jp/theme/ip/manual.html

⑷　模倣被害への対応②——海外の侵害物品が日本国内に持ち込まれた場合

　知的財産侵害物品による被害としては，真正品の売上げに対するダメージのみならず，企業に対する信用やブランドイメージに与えるダメージが非常に大きいが，海外から持ち込まれる知的財産侵害物品被害が拡大していることから，日本国内では，民事上・刑事上の責任追及の手段に加え，税関での水際措置・対策がとられている。

⑴　民事上，刑事上の責任追及

　日本法においては，著作権および産業財産権の侵害については，特許法，実用新案法，商標法および意匠法において，権利侵害行為に対する差止めが認められており（著作権法112条，特許法100条，実用新案法27条，商標法36条，意匠法37条），不法行為（民法709条）に基づく損害賠償請求に加え，差止めが認められている。

(ii) 税関における水際対策

また，知的財産侵害物品は，麻薬や覚せい剤等と同様，輸出入が禁止されている貨物であり（関税法69条の2第1項3号・69条の11第1項9号），これに違反した場合には，10年以下の懲役もしくは1,000万円以下の罰金（または併科）の刑事罰が科される（同108条の4第2項および3項，同109条2項および3項）。また，従業員が自社の法人の業務等について知的財産家侵害物件を輸出・輸入したとき，または輸出・輸入しようとしたときは，当該法人に対しても1,000万円以下の罰金刑が科されることとなる。

他方，規制対象である知的財産侵害物品については，税関において没収・廃棄することとなる（同法69条の2第2項・69条の11第2項・118条1項および2項）。

(a) 輸入差止申立制度

上記に加え，権利者（知的財産権を有する者，または不正競争差止請求権者）は，関税法に基づく輸入差止申立てを行うことができる（関税法69条の13，同施行令62条の17）。この申立ては，権利者が，自己の権利を侵害すると認める貨物が輸入されようとする場合に，税関長に対し，当該貨物の輸入を差し止め，認定手続（下記(b)参照）を執るべきことを申し立てる制度である。申立てから4年間有効とされる。

権利者は，①権利者であること，②権利の内容に根拠があること，③侵害の事実があること（侵害物品が日本国内に輸入されることが見込まれる場合を含む），④侵害の事実を確認できること，および⑤税関で識別できる情報が存在することという要件を満たせば，当該制度を利用することができる。

(b) 認定手続

知的財産侵害物品に該当すると思料される貨物（侵害疑義物品）について，実際に侵害物品に該当するか否かを認定するための手続のことを指す（関税法69条の12第1項，同施行令62条の16）。具体的な流れは以下の【図表2－2】のとおりである。

【図表2−2】認定手続の一般的な流れ

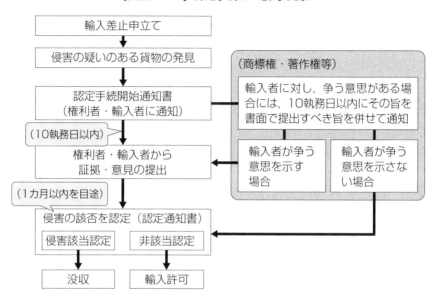

(5) 知的財産侵害物品予防対策

　上記のとおり，知的財産侵害物品については，事後的な対策をとることは可能であるが，そもそも発覚しない場合や，侵害物品を確保することが難しい場合，また，各国の保護制度の差異から法的手段をとることが難しい場合等があることから，発生を未然に防ぐことが望ましい。

　具体的な対応策としては，模倣そのものを困難にする物理的手段を講じたり（たとえば，真正品にしかない印をつけておく等），権利の所在を新聞・雑誌等で宣伝したりしておくことなどが考えられる。また，実際に知的財産侵害物品が発生した場合に速やかな対応ができるよう，産業財産権を各国において取得しておくことや，新製品の公表前にかかる出願をしておくこと，社内協力体制を確立すること等も有効である。

⑹　設問の場合

　設問においては，既に模倣品が発生している場面であるから，まずは，侵害品を実際に確保し，これを社内において共有するとともに，数量や拡販の実態等の被害状況の確認を行うことが必須である。そのうえで，発見された国および日本国内における対策を立てるとともに法的手段を検討し，当局への協力を仰ぐ等速やかな対応をとるべきである。一次的な対応が落ち着いた段階においては，今後の再発防止のために，予防対策を検討することが望ましい。

Q23 通関手続

当社は，初めてメキシコのメーカーから当社製品に使う半製品を仕入れることとなった。当該メーカーからは，半製品はメキシコで製造されるものの，その材料は第三国からの輸入品も使っているという説明があった。税関におけるトラブルを避けるために，どのような手立てが取れるか。

A

原産地表示は，これに基づき関税が決定する場合があることから，原産地規則に基づき，必ず表示をすることが必要となる。輸入を予定している貨物については，事前教示制度を活用し，これを行うことが考えられる。

(1) 原産地とは

原産地とは，いわば貨物の国籍のようなものである。通常，1つの国で生産が全て完結する場合（たとえば，カナダで生まれ育った牛をカナダで加工した牛肉等）には，その国の原産地を決定することは難しくはない。しかし，たとえば，生産工程が複数の国で行われる場合（たとえば，チリで栽培されたブドウを使ってチリで醸造したワインをメキシコで瓶詰めした場合等）には，当該複数の国のうちどの国を原産地とするのかが必ずしも明らかではない。

このような場合に，どの国を原産地とするかを決定するためのルールを原産地規則という。原産地は，関税政策の適否の判断基準となっている場合があることから，原産地規則という明確な基準を設け，迂回輸入を防止することが極めて重要になる。

原産地規則の種類には，大きく，①特恵原産地規則（(i)経済連携協定（EPA）に基づく税率を適用するための規則および(ii)一般特恵関税制度（GSP）を適用するための規則），②非特恵原産地規則（WTO協定税率の適用，貿易統計等のための規則）がある。

そして，原産地規則の定め方には，①原産地基準（＝どのような貨物が原産品と認められるのかの基準を規定）と，②原産地手続（＝特恵税率を適用するための手続）がある。

(2) 具体的な原産地規則(1)—— 経済連携協定の原産地基準（上記(1)①(i)）

日本は，現在17の経済連携協定（EPA）を締結しており，具体的にどのような原産地規則が用いられるかは，各EPAによるところが大きい。

しかし，大きく分けると，❶「完全生産品」，❷「原産材料のみからなる産品」，❸「実質的変更基準を満たす産品」の３種類が，原産品と判断されることとなる。

まず，「完全生産品」（上記❶）とは，その生産が対象となる１カ国内で完結している産品のことをいう。たとえば，当該締約国の区域内において生まれ育った家畜等や，当該締約国の区域内から抽出された天然物質等である。

これに対し，「原産材料からなる産品」（上記❷）とは，締約国の原産材料のみから，当該締約国において完全に生産される産品のことをいう。ここでいう原産材料の「原産」とは，完成品に対する原産性のことを指す（すなわち，完成品に使用されている原材料の原産性ではない）。したがって，たとえば，非締約国であるⅠ国で栽培された収穫されたオリーブを，締約国であるＦ国に輸入・搾取し，そのオリーブオイルを使って石鹸をＦ国において加工した場合には，Ｆ国の原産材料からなる産品に当たることとなる。

他方，「実質的変更基準を満たす産品」（上記❸）とは，非締約国の原産材料（＝締約国との関係では非原産材料）を使用して生産を行った産品ではあるものの，完成品が元の材料から大きく変化しており非締約国の原産性は認められないものをいう。これほどの大きな変化があるか否かを決定する基準が実質的変更基準と呼ばれるものであり，品目ごとに定められている（具体的には，品目別規則としてEPAの附属書類になっている場合が多い）。日本が締結しているEPAにおいては，（ア）関税分類変更基準（非原産材料の関税分類番号と完

成品の関税分類番号が一定以上異なる場合に実質的変更ありとする考え方），（イ）付加価値基準（締約国での生産で付加された価値が基準値以上の場合に実質的変更ありとする考え方），（ウ）加工工程基準（締約国で特定の加工工程が施されたことをもって実質的変更ありとする考え方）の３種類の基準が用いられている。関税分類変更基準（上記（ア））の例としては，大豆を非原産材料として締約国で生成された醤油等，付加価値基準（上記（イ））の例としては，非原産材料であるナットを使用して締約国で製造された自動車等，加工工程基準（上記（ウ））の例としては，非原産材料であるプロピレンを使用して締約国で化学反応が施されたグリセリン等が挙げられる。

⑶　具体的な原産地規則⑵―― 一般特恵関税制度の原産地基準（上記⑴①(ⅱ)）

　一般特恵関税制度（GSP）とは，開発途上国（特恵受益国）を原産地とする貨物に対して，一般の関税率よりも低い関税率（特恵税率）を適用する制度である。

　一般特恵関税の適用に関する原産地規則は，関税暫定措置法施行令（26条）および同施行規則（８条および９条）において規定されており，①完全生産品（関税暫定措置法施行規則８条各号）と②実質的変更基準を満たす産品（同規則９条）である。

　一般特恵関税の適用における原産地規則において，完全生産品の定義はEPAの関税生産品の考え方と基本的に同じであるのに対し，実質的変更基準に関しては，原則として，「実質的な変更を加える加工・製造」を特恵税率の適用を受けようとする完成品が該当する関税分類番号の項（HS4桁）と当該完成品の生産に使用された非原産材料の該当する項（HS4桁）が異なる加工・製造であることが必要とされている（上記規則９条）ほか，別表において具体的な基準が記載されている。なお，上記基準を満たす場合であっても，単に輸送や保存のための操作，単なる切断，選別，包装，改装，仕分け，ラベルの貼り付け等にすぎない場合には，実質的変更基準を満たす産品とは認められない。

(4) 具体的な原産地規則(3)―― 非特恵原産地規則 (上記(1)②)

非特恵原産地規則については，WTO原産地規則協定（ARO）の第2部において定められており，日本ではこれに基づいて，関税施行令において，輸入申告において申告する貨物の原産地を，❶完全生産品として財務省令で定める物品，❷実質的変更基準を満たす産品のいずれかに応じて規定する国または地域と規定している（4条の2第4項）。

完全生産品（上記❶）の考え方は，EPAおよびGSPと基本的に同様であるが，具体的には関税法施行規則1条の6各号に規定されている。

実質的変更基準については，完成品の該当する関税分類番号の項（HS4桁）が，すべての原料または材料の該当する項（HS4桁）と異なることとなる加工または製造を行っている場合と規定され，GSPと同様，仮にこの要件を満たす場合であっても，輸送や保存のための操作，単なる切断，選別，包装，仮装，仕分け，ラベルの貼り付けのみを行ったものはこれに当たらないと判断されている。

(5) 原産地手続

特恵税率の適用の要件が満たされる場合でも，何もせずにその恩恵を被れるわけではなく，その特恵税率の適用を受けるための手続をとる必要がある（原産地手続）。

原産地手続には，輸入者が輸入申告時に貨物が原産品であることを申告する手続と，輸入国の税関が輸出国政府等に対して質問・検査を行う事後確認手続が含まれる。なお，非特恵原産地規則の適用に際しては，インボイス等の通関関係書類による原産地国の確認は行われているが，原則，原産地証明の提出等の手続は不要である。

(i) 原産品であることを申告する手続

原産品であることを申告する手続には，以下の3種類がある。

(a)　第三者証明制度（原産地証明書による）

　輸出者が，輸出国の発給機関に申請し原産地証明書を取得し，これを輸入者がこれを税関に提出することで原産品であることを証明する制度であり，日本の全てのEPAおよび一般特恵税関制度（ただしCPTTP*および日EU・EPAを除く）において採用されている。

(b)　自己申告制度（原産品申告書その他の明細書類による）

　貨物の輸入者，輸出者または生産者みずからは，原産品申告書を作成し，輸入者が輸入税関にこれを提出することにより原産品であることを申告する制度であり，日本においても，CPTTPおよび日EU・EPAならびに日豪EPA（上記第三者証明制度と併用）において採用されている。

(c)　認定輸出者による自己証明制度（原産地申告文の付された商業書類による）

　輸出国が認定した輸出者が，インボイスなどの商業書類に特定の原産地申告文を記載することで作成した原産地申告を輸入者が輸入税関に提出することで，原産品であることを証明する制度であり，日スイスEPA，日ペルーEPAおよび日メキシコEPA（上記第三者証明制度と併用）において採用されている。

(ii)　積送基準を満たすことを示す書類の提出

　特恵税率の適用を受けるためには，①第三国を経由することなく輸入国へ直送するか，②第三国を経由はしているものの，積卸し，一時蔵置等の許容された作業しか行っていないことが必要となる。原産品が輸入国に到着するまでに原産品としての資格を失っていないかどうかを判断する基準（積送基準）を満たしているか否かを判断するために，日本では，輸入申告に際して，積送基準を満たすことを示す書類（通し船荷証券，経由国の税関等が発行した証明書その他税関長が適当と認める書類）の提出が必要となる。

(iii)　事後確認

　特恵税率にて輸入申告された貨物が，実際に各EPAおよび関税関係法令の

規定に基づき，通関後にその貨物が原産品であるか否かの確認を行う場合がある（事後確認）。

事後確認は，特恵税率の便益の適正な確保を目的としている。輸入者に対する事後確認は，書面または個別訪問による調査により実施され，仮に原産品であることを確認できない場合には，特恵税率の適用が否認されることとなる。

(6) 事前教示制度

原産地認定は，上記のように非常に複雑であることから，輸入の前に対象貨物の原産地認定に関する法令の適用・解釈等を確認しておくことができれば，税関手続におけるトラブルを回避することができる。

税関では，かかる紹介を文書により受付，文書で回答を行う事前教示制度を設けている。これを行うことで，輸入予定貨物の原産地の取扱いを確認することができ，適正かつ迅速な申告を行うことができる。また，特恵関税の適用の可否を事前に知ることができることから，原価計算等も確実に行うことができるため，販売計画の作成等にも資することとなる。なお文書による回答は，原則として30日以内に行われるとされている。

税関が発出した回答文書の内容は，発出後最長で3年間，輸入申告の審査の際に尊重されることとなるため，文書で行う事前教示制度には安定性もあるといえる。

(7) 設問の場合

設問の場合においては，日本法に照らして，実際にメキシコの原産地認定を受けられるか否かについて，事前教示制度に基づいて確認を行うことが望ましい。

＊環太平洋パートナーシップに関する先進的かつ包括的な協定（TPP11）

Q24　輸出規制

　当社は，10年以上にわたり，韓国の取引先から発注を受け当社製品を
輸出するとともに，その使用方法のトレーニングを兼ね，人材を派遣して
きた。2018年に輸出規制に関する該非判定を改めて行い，非該当品とい
う判断を得ている。今般，経済産業大臣から輸出許可・役務取引許可の申
請をすべき旨の通知を受けたが，これまでの取引を続けるだけであるから，
当社として対応すべきことはないという理解でよいか。

A

　韓国（大韓民国）は，2019年8月28日以降，輸出貿易管理令（昭和24年政令
第378号）の別表第3から削除されたことから，同日以降，同国へ貨物および
技術の輸出については，リスト規制のみならず，キャッチオール規制の適用を
受けるため，許可申請が必要となる。

⑴　日本の輸出管理制度の概要
　世界各国でテロ活動が頻発し，大量破壊兵器や生物・化学兵器の製造や使用
が現実的となっている現在において，世界のみならず自国の安全保障の観点か
ら輸出管理は必須の課題となっている。大量破壊兵器等の製造に使用される貨
物や技術は，大半が軍民両用（デュアル・ユース）であり，民生用途として輸
出した貨物が輸出先において懸念用途に転用される可能性が否定できない。
　日本においては，具体的な懸念用途目的の輸出のみならず，懸念用途への転
用を回避するため，現在，外国為替及び外国貿易法（以下「外為法」という）
において基本的な枠組みを定めるとともに，輸出貿易管理令（以下「輸出令」
という）により規制貨物リストを，外国為替令により規制技術リストをそれぞ
れ定めて，貨物および技術の輸出にリスト規制およびキャッチオール規制（な
らびにこれらに関連して，仲介貿易取引規制）を行っている。具体的には，外

為法48条1項において，特定の地域を仕向地とする特定の種類の貨物を輸出しようとする者は，経済産業大臣の許可（輸出許可）を受けなければならない旨を，また，外為法25条1項において，①特定の種類の貨物の設計，製造もしくは使用に係る技術（以下「特定技術」という）を特定の外国（以下「特定国」という）において提供することを目的とする取引を行おうとする居住者もしくは非居住者，または②特定技術を特定国の非居住者に提供することを目的とする取引を行おうとする居住者は，経済産業大臣の許可（役務取引許可）を受けなければならない旨を，それぞれ定めている。そして，上記の「特定の仕向地」や「特定の種類の貨物」については，輸出貿易管理令（以下「輸出令」という）の別表第1で，「特定技術」や「特定国」については，外国為替令（以下「外為令」という）の別表で，それぞれ大枠を定めている。

なお，上記規定に違反して規制対象貨物の輸出または技術の提供をした者は，懲役および罰金またはその両方が科せられる（外為法69条の6および7，70条〜73条）。

また，上記罰則に加え，行政罰として，経済産業大臣は，外為法違反行為を行ったものに対し，3年以内の期間を限り，一切の輸出，技術提供または仲介貿易取引を禁じることができる（外為法25条の2および53条）。

(2) リスト規制

リスト規制は，一言でいえば，輸出対象となる貨物や技術の機能や性能に着目した規制であり，具体的な対象貨物は，輸出令別表第1の1〜15の項において，対象技術は外為令別表1〜15の項において規定されている。これらは，大きく，①武器関連，②大量破壊兵器関連，③通常兵器関連のいずれかに該当する貨物や技術の輸出を規制しているが，リスト対象となる貨物や技術の具体的な機能や性能は，（輸出令別表第1および輸出令別表の各1の項を除き）「輸出貿易管理令別表第1及び外国為替令別表の規定に基づき貨物又は技術を定める省令」（以下「貨物等省令」という）で規定されている。

リスト規制の対象となる技術には，技術資料やソフトウェアの提供のみなら

ず，技術者の受け入れや派遣を通じた技術支援も含まれている点，およびリスト規制該当貨物に関する技術のみならずリスト規制に該当しない貨物に関する技術も一部規制されている点に留意が必要である。

なお，リスト規制が上記のとおり，輸出対象となる貨物や技術の機能，性能に基づく規制であることから，対象地域は全地域とされているが，加えて，特に国際的な懸念がある地域として，イラン，イラク，北朝鮮の3カ国が輸出令別表第4の地域として規定されている。

(3) キャッチオール規制

キャッチオール規制は，専ら需要者や用途に着目した規制であり，リスト規制を補完する役割を果たすものとして補完的輸出規制と呼ばれる。①大量破壊兵器キャッチオール規制と，②通常兵器キャッチオール規制が実施されている。

(i) 大量破壊キャッチオール規制

対象となる貨物については輸出令別表第1の16の項，技術については外為令別表の16の項において，それぞれ定められている。なお，キャッチオール規制が需要者や用途に着目した規制であることから，大量破壊兵器の開発等と明らかに関係がないと考えられる一部の品目・技術については除外されている。

ただし，キャッチオール規制においては，ここに規定された対象貨物，対象技術に該当するだけで直ちに許可申請が必要となるものではなく，以下のいずれかの場合にのみ，許可申請が必要とされる。

(a) 客観要件を満たす場合

① 用途要件を満たす場合

輸出する貨物や技術が一定の用途に使用される可能性が相当程度高い場合（輸出貨物が核兵器等の開発等のために用いられるおそれがある場合を定める省令（平成13年経済産業省令第249号，いわゆる核兵器等開発等省令）第1号および貿易関係貿易外取引等に関する省令第9条第2項第7号イの規定により経済産業大臣が告示で定める提供しようとする技術が核兵

器等の開発等のために利用されるおそれがある場合（経済産業省告示第759号，いわゆる核兵器等開発等告示）第1号に該当する場合），または

② 需要者要件を満たす場合

輸出する貨物や技術が一定の者に対して提供される場合（核兵器等開発等省令第2号，第3号または核兵器等開発等告示第2号，第3号に該当する場合）。ただし，大量破壊兵器等の開発等以外の用途に用いられることが明らかな場合については，例外とされる。

(b) インフォーム要件がある場合

上記客観要件がない場合であっても，輸出される貨物・技術が大量破壊兵器等の開発等に使用されるおそれがあるものとして，経済産業大臣から輸出許可・役務取引許可の申請をすべき旨の通知を受けた場合にも，許可申請が必要となる。

* * *

キャッチオール規制が適用される地域は，輸出令別表第3に記載されている規制対象外国（グループA）に掲げられている以外の全地域をいう。グループAは，日本政府において，輸出管理に関する国際的な条約等に参加するとともにキャッチオール規制を厳格に実施している国であると判断しており，上記客観要件を満たす場合であっても，キャッチオール規制の対象外とされている。

アルゼンチン，オーストラリア，オーストリア，ベルギー，ブルガリア，カナダ，チェコ，デンマーク，フィンランド，フランス，ドイツ，ギリシャ，ハンガリー，アイルランド，イタリア，ルクセンブルグ，オランダ，ニュージーランド，ノルウェー，ポーランド，ポルトガル，スペイン，スウェーデン，スイス，イギリス，アメリカ合衆国の26カ国がグループAに分類されている（2019年8月末日時点）。

(ii) 通常兵器キャッチオール規制

大量破壊兵器以外の通常兵器に関するキャッチオール規制は，仕向地によっ

て許可申請の要件が異なるが，大量破壊兵器キャッチオール規制とは異なり客観要件として設定されているのは用途要件のみである。

　用途要件は，①輸出貨物が輸出貿易管理令別表第１の１の項の中欄に掲げる貨物（核兵器等に該当するものを除く）の開発，製造又は使用のために用いられるおそれがある場合を定める省令（平成20年経済産業省令第57号，いわゆる通常兵器開発等省令），および②貿易関係貿易外取引等に関する省令第９条第２項第７号ハの規定に基づく経済産業大臣が告示で定める提供しようとする技術が輸出貿易管理令別表第１の１の項の中欄に掲げる貨物（同令４条１項１号イにおいて定める核兵器等に該当するものを除く）の開発，製造又は使用のために利用されるおそれがある場合（経済産業省告示第187号，いわゆる通常兵器開発等告示）に定められている。具体的には，以下のとおりである。

①　輸出令別表第３の２の地域

　　国連武器禁輸国・地域（アフガニスタン，中央アフリカ，コンゴ民主共和国，イラク，レバノン，リビア，北朝鮮，ソマリア，南スーダン，スーダンの10カ国）への仕向けの場合に限られる。

　　規制対象貨物は輸出令別表第１の16の項，規制対象技術は外為令別表の16の項に記載の者を対象とする場合で，インフォーム要件または客観要件（用途要件のみ）を満たす場合には，許可申請が必要となる。

②　グループＡ所属国を除く，国連武器禁輸国・地域以外の場合

　　規制対象貨物は輸出令別表第１の16の項，規制対象技術は外為令別表の16の項に記載のものであり，インフォーム要件を満たす場合には，許可申請が必要となる。

(4)　仲介貿易取引規制

　リスト規制およびキャッチオール規制のほか，一定の外国相互間の貨物の移動を伴う貨物の売買に関する取引に関しては，事前に経済産業大臣の許可が必要とされている（外為法25条４項，外為令17条３項）。

　具体的には，①輸出令別表第１の１の項（＝武器）に該当する貨物の外国相

互間の移動を伴う当該貨物の売買，貸借または贈与に関する取引を行うとき（全地域），または②輸出令別表第1の2〜16の項に該当する貨物であって，大量破壊兵器等の開発等のために用いられるおそれがある貨物の外国相互間の移動を伴う当該貨物の売買，貸借または贈与に関する取引を行うとき（船積地域または仕向地がグループA所属国の場合を除く）には，許可申請が必要となる。

(5) 設問の場合

　韓国は，2019年8月2日付の輸出令の改正により，グループAから除外されている。したがって，設問のように従来通りの貨物および技術の輸出であっても，リスト規制のみならず，キャッチオール規制の対象となる。

　設問の場合では，経済産業大臣から輸出許可・役務取引許可の申請をすべき旨の通知というインフォーム要件を満たしている以上，経済産業大臣の許可（輸出許可）の申請を行う必要がある。

Q25 GDPRへの対応

　当社は，インターネットを通じてEUを含む全世界の消費者に対して製品を販売している。個人情報の取扱いは，日本法に基づいて適切に行っているが，最近，EUの個人情報保護法が厳しいと聞いた。当社でも何か対応が必要になるのか。

A

　EUの個人情報の保護規則であるGDPRにより，日本の事業者であっても，インターネットを通じてEU域内の消費者向けの事業を行っていれば，GDPRが適用されるGDPRには日本の個人情報保護法にはない様々な規制が規定されており，これに対応する必要がある。GDPRに違反した場合には高額の制裁金が科せられる可能性がある。

⑴　GDPRとは

　GDPR（General Data Protection Regulation）（EU一般データ保護規則）とは，欧州連合（EU）において2018年5月に施行された，EUに加盟する27カ国にアイスランド，リヒテンシュタイン，ノルウェーの3カ国を加えた欧州経済領域（EEA：European Economic Area）域内の30カ国（以下「EEA域内」という）にある個人情報の取扱いに関するルールである＊。

　GDPRは，具体的には，EEA域内の「個人データ」の「処理」，および，EEA域外への「移転」のための法的要件を規定している。「処理」とは，取得，記録，編集，消去等，個人データに関わる作業を幅広く含む概念である（4条2号）。また，「移転」とは，物理的に第三者に移転する以外に，第三者の閲覧可能な状態に置くことも含む概念である。

⑵　GDPRにおける「個人データ」とは

　GDPRによって保護される「個人データ」とは，EEA域内に所在する個人（国籍や居住地を問わない）の個人データであって，「識別された自然人又は識別可能な自然人に関する情報」を意味する（4条1号）。たとえば，自然人の氏名，識別番号，所在地データ，メールアドレス，オンライン識別子（IPアドレス／クッキー識別子），身体的，生理学的，遺伝子的，精神的，経済的，文化的，社会的固有性に関する情報が「個人データ」に該当する。

　このような「個人データ」概念に対し，日本の個人情報保護法における最も広い概念である「個人情報」には原則としてオンライン識別子（IPアドレス／クッキー識別子）が含まれない。

　なお，EUでは，クッキーの利用に対する規制については，GDPR以前から，eプライバシー指令（ePrivacy Directive）の下，EU加盟各国において法整備が進められてきた。そして，EUでは，同指令に代わるeプライバシー規則（ePrivacy Regulation，クッキー法とも呼ばれている）の制定が目指されている。同規則は，クッキーの利用を原則として禁止するほか，GDPRと同様，域外適用され，また，高額の制裁金制度を設ける予定とされている。同規則の内容については本書では割愛するが，日本の事業者としては，同規則への対応についても準備を進める必要がある。

⑶　どのような企業に適用されるか

⒤　「管理者」・「処理者」

　GDPRは，基本的には，GDPR上の「管理者」または「処理者」に該当し，EEA域内に拠点（典型的には，現地法人，支店，駐在員事務所等である）を有する事業者に対して適用される（3条1項）。

　「管理者」とは，「自然人又は法人，公的機関，部局又はその他の組織であって，単独で又は他の者と共同で，個人データの取扱いの目的及び方法を決定する者」を意味する（4条7号）。日本の個人情報保護法における個人情報取扱事業者に近い概念である。

　「処理者」とは，「管理者の代わりに個人データを取扱う自然人若しくは法人，公的機関，部局又はその他の組織」を意味する（4条8号）。日本の個人情報保護法における個人データの取扱いの委託先に近い概念である。

(ii)　域外適用

　さらに，GDPRは，管理者または処理者がEEA域内に拠点を有しない場合であっても，①EEA域内のデータ主体に対する商品またはサービスの提供に関連する個人データの取扱い，および②EEA域内で行われるデータ主体の行動の監視に関連する個人データの取扱いについては適用される（3条2項）。上記①に該当する具体例としては，商品やサービス提供のためのウェブサイトにおいて，英語ではないEEA域内の言語が使用され，EEA域内の通貨を決済に利用することとされ，EEA域内のユーザーを意識した記述がなされているような場合が典型的なものとして考えられる。また，上記②に該当する具体例としては，オンラインサービスで，EEA域内のエンドユーザーのサイト閲覧履歴やコンテンツの購読履歴を収集・分析し，マーケティングに活用するビジネスが考えられる（なお，前記(2)で述べたとおり，クッキーの利用を行う事業者は，域外適用が予定されるeプライバシー規則への対応も視野に入れておく必要がある）。

　このように，EEA域内に拠点を有しない事業者に対してもGDPRは域外適用されるので，EEA域内向けの事業を行う日本の事業者はGDPRの適用対象となる可能性が高いことに留意する必要がある。

⑷　GDPRが適用される場合に必要な対応

　日本企業がGDPRの適用を受ける場合に対応が必要となる事項の概要は【図表2-3】のとおりである。なお，日本の個人情報保護法と比較すると，(vii)の技術上・組織上の措置については日本法で要求される安全管理措置のレベルとあまり差がないとされているが，それ以外については追加的な対応が必要となる。

【図表2-3】GDPRが適用される場合に必要な対応

(i) 基本原則	管理者は，個人データの処理に関して，①適法性，公正性および透明性の原則，②目的の制限の原則，③データ最小化の原則，④正確性の原則，⑤記録保存の制限の原則，⑥完全性および機密性の原則という6原則（5条1項）について責任を負い，その遵守を証明できるようにする義務を負う（説明責任の原則）（5条2項）。
(ii) 処理の適法要件	個人データの処理は，データ主体の同意がある場合のほか，データ主体の同意がなくとも，管理者の法的義務の遵守のために必要な場合等の一定の場合に限り，適法となる（6条1項）。特別な種類のデータと有罪判決・犯罪と関連するデータの処理については，より要件が厳格化されている（9条・10条）。
(iii) 透明性のある情報提供	管理者は，①個人データのデータ主体からの直接の取得時，またはデータ主体以外からの取得時，②データ主体の権利に関して連絡を提供する時，③データ侵害時において，データ主体に対し，簡潔で，透明性があり，理解しやすく，容易にアクセスできる方式により，明確かつ平易な文言を用いて（子どもに対して格別に対処する情報提供の場合は特に），書面または適切な場合には電子的手段を含むその他の手段により，無償で，情報提供を行う必要がある（12条1項・5項）。
(iv) データ主体の権利	データ主体の権利として，①アクセス権（15条），②訂正権（16条），③消去権（忘れられる権利）（17条），④処理の制限を求める権利（18条），⑤データ・ポータビリティ権（20条），⑥異議を唱える権利（21条），⑦プロファイリング等の自動化された意思決定に関する権利（22条）について対応する必要がある。
(v) 域外事業者の代理人選任	GDPRを域外適用される事業者は，EEA域内の代理人を選任する義務を負う（27条1項）。
(vi) 処理の記録	管理者（または管理者の代理人）は，管理者の名前および連絡先，処理の目的，データ主体の類型および個人データの種類等，一定の処理活動の記録を保管しなければならない（30条1項）。また，処理者（または処理者の代理人）も，処理活動の記録の保管義務を負う（30条2項）。
(vii) 技術上および組織上の措置	管理者および処理者は，リスクに見合った技術上・組織上の措置を実装しなければならない（32条1項）。

⑧ 個人データ侵害の通知	個人データ侵害が発生した場合，管理者は，原則として，その侵害に気づいた時から遅くとも72時間以内に，所轄監督機関に対し，その個人データ侵害を通知しなければならない（33条1項）。また，個人データ侵害が自然人の権利および自由に対する高いリスクを発生させる可能性がある場合，管理者は，そのデータ主体に対し，不当な遅滞なく，その個人データ侵害を連絡しなければならない（34条1項）。
⑨ データ保護影響評価	データ処理が自然人の権利および自由に対する高いリスクを発生させるおそれがある場合，管理者は，その処理の開始前に，予定している処理業務の個人データの保護に対する影響についての評価（データ保護影響評価）を行わなければならない（35条1項）。データ保護影響評価には，処理業務の目的，内容，必要性等，リスクの評価，リスクへの対処手段等を含めることとされている。
⑩ データ保護責任者	管理者および処理者は，一定の場合に，データ保護責任者を選任しなければならない（37条1項）。データ保護責任者は，管理者や処理者に対するGDPRの義務の通知・助言，訓練・監視，監督機関との協力・協議等の業務を行う（39条1項）。

⑸ 越境データ移転規制

　GDPRのもう1つの特徴として，越境データ移転に対する規制がある（44条）。
　すなわち，個人データをEEA域内から域外に移転することは，原則として禁止される。この原則には，移転先が「十分性認定」を受けている国・地域に所在する場合は，この限りではない（45条）という例外が定められている。「十分性」とは，欧州委員会が，移転先のデータ保護レベルを評価した結果，特定の第三国・地域・国際機関等が，十分な保護のレベルを確保しているという意味である。
　日本は2019年1月に「十分性認定」を取得したため，EEA域内から日本への個人データの移転は，越境データ移転規制の対象とはならないが，EEA域内から移転を受け，取得した個人データについては，個人情報保護委員会の「個人情報の保護に関する法律に係るEEA域内から十分性認定により移転を受けた個人データの取扱いに関する補完的ルール」（以下「補完的ルール」とい

う）に基づく対応をとる必要がある。

「十分性認定」は、越境データ移転規制を免除させるものにすぎず、前記(3)(ii)の域外適用を受ける事業者が、管理者・処理者としての義務（前記(4)参照）を免れることにはならない。

また、「十分性認定」を取得していない第三国に個人データを再移転する場合には、越境データ移転規制の対象となる。

(6) GDPRに違反した場合の制裁金

管理者または処理者がGDPRに違反した場合、制裁金を科される可能性がある（83条）。制裁金の上限は、義務違反の類型に応じ、「事業体の全世界年間売上高の2％、または1,000万ユーロのいずれか高い方」、または「事業体の全世界年間売上高の4％、または2,000万ユーロのいずれか高い方」となっており（同条4項）、非常に高額である。

(7) 設問の場合

設問では、インターネットを通じてEUを含む全世界の消費者に対して製品を販売しているということから、GDPR3条2項に基づき、その適用を受けることとなると考えられる。特に、製品のECサイトにおいて、英語のみならず、フランス語やドイツ語等の言語を用意している場合や、通貨も日本円や米ドルだけではなく、ユーロやポンドでの支払いが可能な場合には、その可能性が高まる。

まずは、GDPRの適用を受けるか否かについて十分検討したうえで、適用を受けるという判断をした場合には、上記(4)記載の各対応をとることを検討するべきである。

＊GDPR制定時点においてはイギリスもEU加盟国であったが、2020年2月1日付で、EUからの離脱を果たした。イギリスでは、EU離脱後もGDPRと同様の法規制を整備しており、離脱前後において大きな差はない。

Q26 海外従業員情報の取扱い

当社では，海外子会社の従業員情報を含めたグループ全体の従業員情報
の管理を日本の親会社で一括して行っている。この場合，個人情報の取扱
いに関してどのような問題があるか。

A

海外子会社の従業員の個人情報について，親会社においては，従業員の個人
情報を（海外子会社，または従業員本人から）取得する場面，および当該従業
員情報を管理する場面で，日本の個人情報保護法を遵守する必要がある。他方，
海外子会社においては，現地の個人情報の保護に関する法規制が適用されるの
で，その内容について確認をすると共に確認する必要がある。

(1) 日本の個人情報保護法の規制

個人情報保護法において，「個人情報」とは，「生存する個人に関する情報」
であって，「当該情報に含まれる氏名，生年月日その他の記述等（文書，図画
若しくは電磁的記録……に記載され，若しくは記録され，又は音声，動作その
他の方法を用いて表された一切の事項（個人識別符号を除く。）をいう。……）
により特定の個人を識別することができるもの（他の情報と容易に照合するこ
とができ，それにより特定の個人を識別することができることとなるものを含
む。）」，または「個人識別符号が含まれるもの」のいずれかに該当するものと
定義されており（2条）その主体の国籍や居住地によって限定されていない
（「個人情報の保護に関する法律についてのガイドライン」及び「個人データの漏え
い等の事案が発生した場合等の対応について」に関するQ&A，Q1−6）。

したがって，海外子会社の従業員の個人情報であっても日本の個人情報保護
法における「個人情報」に該当し，その保護を受けることとなる。

⑵　親会社において遵守すべき規制

　グループ全体の従業員の個人情報について親会社が一括して管理を行う場合には，親会社において，その全てについて個人情報保護法を遵守しなければならない。

　具体的には，まず，親会社が従業員から直接従業員情報を取得する際に，利用目的の特定（15条），通知・公表・明示（18条）等の義務が発生する。

　また，親会社が従業員の個人情報を海外子会社から取得する場面では，第三者から個人データの提供を受ける際の確認義務が発生する（26条）。具体的には，当該第三者の名称・住所・代表者氏名，当該第三者による当該個人データの取得経緯等を確認しなければならない。

　次に，親会社において従業員の個人情報を管理する場面では，個人データの管理・監督に関する義務が発生する。具体的には，データ内容の正確性の確保等（19条），安全管理措置（20条），従業者の監督（21条），委託先の監督（22条）の義務が発生する。また，本人から個人データの開示（28条），訂正等（29条），利用停止等（30条）の請求を受けた場合には，これに応じなければならない。加えて，個人情報保護委員会・厚生労働省「雇用管理分野における個人情報のうち健康情報を取り扱うに当たっての留意事項」も遵守する必要がある。

⑶　海外子会社において遵守すべき規制

　海外子会社においては，上記のような日本の個人情報保護法制とは別に，現地の個人情報保護に関する規制の適用を受けることになる。規制の内容は国・法域によって様々であるので，現地の弁護士に確認して対応する必要がある。特に，国・法域によっては，国内から海外に個人情報を移転する，いわゆる越境移転を禁止している場合もあるため，注意が必要である。主だった国・地域の越境移転規制については，次項で紹介する。

　なお，日本の個人情報保護法は，「国内にある者に対する物品又は役務の提供に関連してその者を本人とする個人情報を取得した個人情報取扱事業者が，外国において当該個人情報又は当該個人情報を用いて作成した匿名加工情報を

取り扱う場合」に域外適用される（75条）が，海外子会社は，日本国内に物品
または役務の提供を行うわけではないので，設問においては当該規定の適用に
ついて通常は考慮しなくてよい。

⑷　個人データの越境移転

　海外子会社の従業員情報を日本の親会社に移転する場合，当該子会社の所在
する国・地域から日本への個人データの越境移転が行われることから，当該
国・地域の越境移転規制を確認する必要がある。各国の越境移転規制の概要を
例示すると，【図表２－４】のとおりである。

【図表２－４】主だった国・地域の越境移転規制の概要

(i)　アメリカ	アメリカからの越境移転については，原則的に法的な制限はない。
(ii)　欧州経済領域（EEA：EUおよびノルウェー・アイスランド・リヒテンシュタイン）	EEA域内からの越境移転については，適切な保護措置などを求めるGDPRの越境移転規制が存在する。しかし，日本への越境移転については，日本が2019年1月に十分性認定されたことによって，補完的ルールに基づいて対応すれば足りることとなった。ただし，日本の親会社において，EEA域内から取得した個人情報について補完的ルールに基づいて取り扱う必要がある。
(iii)　中国	中国国内において収集・生成した個人情報および重要データについて，中国国内において保管する必要がある。業務上の必要から，越境する必要がある場合には，安全評価を行わなければならない。 安全評価は，事業者自ら自主評価を行うと共に，必要に応じて外部（主管部門）の評価を行う。安全評価においては，国の安全，社会公共利益に対するデータ越境の影響の程度およびサイバーセキュリティー事件が発生する可能性に基づき，安全リスクレベルを「低い，普通，高い，極めて高い」の4つのレベルで判定する。その結果，「高い，極めて高い」と判定された場合には，データを越境することができない（サイバーセキュリティー法およびその関連規定）。

(iv)	ベトナム	個人データは，一定期間，ベトナムに保管しなければならず，越境移転は安全性評価を経た場合に認められる（サイバーセキュリティー法）。
(v)	マレーシア	原則として越境移転は禁止されている。ただし，マレーシアと同等の水準を有すると当局から認められた国に対して移転する場合（ただし，現状このような国はまだ公表されていない），情報主体の同意がある場合，情報使用者と情報主体の間の契約の履行に必要な場合で法令に違反する取扱いがなされないよう，あらゆる合理的な予防策を講じ，相当な注意を払う場合には，越境移転が許容される（個人情報保護法）。
(vi)	シンガポール	個人情報を越境移転するにあたっては，移動先の事業者がシンガポールの個人情報保護法における個人情報保護と少なくとも同等の基準で個人情報を保護するよう「法的に執行可能な義務」を負っていること（法令，契約，執行力ある社内規則等がその根拠となる）を確認する義務が発生する（個人情報保護法）。
(vii)	インドネシア	越境移転にあたっては，情報通信省に対して移転先の国・名称，移転日，移転理由・目的を報告すること等，同省との協力が必要となる（情報通信省規則20号）。

Q27 海外贈収賄規制

当社は，発展途上国であるX国への進出に際して，著名なコンサルタント A氏を起用した。A氏はX国の政財界に顔が広く，当社のX国への進出のみならず，その後の事業発展にも大きく寄与してもらっているが，一方でX国の政府関係者とのグレーな噂も存在する人物である。当社として留意すべき点はあるか。

A

　仮に，A氏がX国の公務員や政府関係者に不透明な資金を供与していた場合，日本の法令に違反しない場合であっても，アメリカの海外腐敗行為防止法（Foreign Corrupt Practices Act）やイギリスの賄賂防止法（Bribery Act）が適用され，A氏に対するコンサルタント料の支払いが贈賄行為の一種として第三国の規制当局から処罰される可能性がある。

(1)　アメリカの海外腐敗行為防止法（FCPA）とは

　現在，世界各国において，自国の公務員に対する贈賄のみならず外国公務員に対する贈賄をも処罰対象とする法律が多く存在している（日本の不正競争防止法18条もその一例である）。典型的には，先進国の企業が開発途上国でビジネスを行う際に，当該開発途上国の政府関係者に対して賄賂を贈るようなケースへの適用が想定された規制である。

　諸外国においては，アメリカの海外腐敗行為防止法（Foreign Corrupt Practices Act（FCPA））や，イギリスの贈収賄防止法（UK Bribery Act）などの法律が存在する。

　特にFCPAにおいては，規制対象となる主体と行為が非常に幅広く定められており，たとえば，日本企業による，アメリカとはわずかな接点しかない行為であっても，処罰の対象となりうる。実際，日本企業を含むアメリカ国外の企

業に対してもFCPAは積極的に適用されており，巨額の罰金や拘禁刑が科されたケースも存在する。以下では，諸外国の法と比べて摘発事例が多いFCPAについて，その規制対象と，日本企業が実務上留意すべき点について説明する。

(2)　FCPAの規制対象

　FCPAの規制対象となる主体は，以下の3つに分類される。

> ①「発行者」（issuers）
> ②「国内関係者」（domestic concerns）
> ③「発行者又は国内関係者以外の者」（persons other than issuers or domestic concerns）

(i)　①「発行者」および②「国内関係者」に対する規制

　上記①の「発行者」とは，アメリカにおける証券発行者，ならびにその役員，取締役，従業員，代理人および株主である。アメリカの証券市場に上場している企業は，その国籍にかかわらず，証券発行者として扱われ，規制対象に該当する。また，上記②の「国内関係者」とは，アメリカ国内関係者ならびにその役員，取締役，従業員，代理人および株主である。アメリカ国内関係者とは，アメリカに住所を有する個人のほか，アメリカまたはその州の法令によって設立された法人や団体も含まれる。

　上記の①または②に該当する者については，アメリカ国内における賄賂行為のみならず，国外における，「州際通商の手段」（アメリカ国境を越える電話，電子メール，ファックスの送信，アメリカの銀行を使用した電信送金，他州や外国への旅行などの手段）を利用した，外国公務員への贈賄を促進するための行為も処罰対象となる。

(ii)　③「発行者又は国内関係者以外の者」に対する規制

　上記③の「発行者又は国内関係者以外の者」とは，上記①と上記②のいずれにも該当しない一切の者である。すなわち，アメリカと何ら接点を持たない日

本企業であっても，この類型に該当する者に対する行動規制に違反すれば
FCPA違反となる。

　これらの者が行った場合に処罰対象となる行為として，たとえば「アメリカ
国内における，直接または代理人を通じた贈賄行為」が挙げられる。これには，
行為のすべてがアメリカ国内で行われた場合だけでなく，たとえば，アメリカ
の銀行を経由して賄賂を送金した場合や，アメリカを経由して贈賄行為に関連
した電子メールの交信が行われた場合のように，贈賄行為の一部のみがアメリ
カ国内で行われた場合もこれに含まれる可能性がある。

(3)　共謀・ほう助によるFCPA違反

　上記のいずれの類型にも該当しない行為であったとしても，上記のいずれか
に該当する行為に関与した場合，共謀やほう助の罪として摘発されうる点にも
留意が必要である。この類型は，共謀やほう助に該当する行為がアメリカ国内
で行われたかどうかすら問われない可能性がある。すなわち，日本企業がアメ
リカ国内でなんらの行為を行っていない場合でも，「発行者」または「国内関
係者」が行った賄賂に（世界のどこかで）関与したとみなされれば，贈賄の共
謀や教唆・ほう助行為があったと認定され，制裁の対象となるおそれがある。

　過去には，実際に，日本企業にこのような共謀・ほう助があったとして摘発
されたケースも存在する。これは，ナイジェリアにおける，あるプロジェクト
の受注を目的として設立された多国籍合弁企業が，契約を受注するため，ナイ
ジェリア政府が（間接）所有する会社（これがFCPA上の外国公務員とみなさ
れた）に金員を供与したことに関連して，日本の大手商社がこれを仲介したと
して，共謀およびほう助の罪に問われたというケースである（なお，この日本
企業は，米国司法省と起訴猶予契約を締結し，約42億円を支払うことにより和
解が成立している）。

(4)　日本企業が実務上留意すべき点

　上記のように，FCPAは，アメリカ国外の企業の行為に対しても幅広く適用

されうる法律であるため，国際的なビジネス（特に新興国におけるプロジェクト等）において一見アメリカとは無関係と思われる行為であっても，FCPAの適用がある可能性がある。

　特に，米国司法省は，「第三者を通じて行う外国公務員等への賄賂行為」の類型に該当する行為を盛んに摘発している。この類型に当たるのは，企業等が，第三者に対して，その者が最終的に外国政府関係者や政党候補者に対して賄賂を行うことを知りながら金銭を支払うといった行為である。米国司法省によれば，「知りながら」（knowing）とは，実際には知らなくとも，「そのような結果が相当確実に発生しうる」程度のことを認識していれば足りるとされており，いわゆる故意よりも広く解されている。設問の事例のように，X国で事業を行う日本企業が，X国の政府関係者と通じているコンサルタントを起用していた場合，その者が日本企業から受け取った報酬を流用してX国の公務員へ賄賂を行ったとなれば，「政府関係者とのグレーな噂」の内容次第では，そのような噂を認識していたという事情をもって，その者が外国公務員に対する賄賂を行うことを「知りながら」金銭を支払ったとも認定されかねない。

　このように，贈賄を自ら行う意図がなくとも，自社が報酬を支払っている第三者の行為によってFCPA違反に問われ，場合によっては多額の罰金に応じざるを得ない危険性がある。このような事態を回避するためには，他国で事業を展開する企業においては，当該国の事業に関してビジネスパートナーやコンサルタントを起用する場面や起用後に何らかの不正の懸念が生じた段階で，いわゆる第三者デュー・ディリジェンスによりその企業または個人を慎重にチェックし，問題がある場合には関係を遮断しておくことが重要である。たとえば，ビジネスパートナーやコンサルタントとして起用しようとする者が現地の政府関係者や現地の政府が株式を保有する民間企業と密接に関係していたり，コンサルタント報酬等の支払いを第三国や第三者を経由して要請したりする場合は要注意である。このような者については，第三者デュー・ディリジェンスの結果，贈賄行為に関与していないことが確認できなければ，起用には相応のリスクが伴うと認識すべきである。

Q28　当局から調査を受けた場合の対応

　当社は世界各国に複数の海外拠点を有しているが，当局から調査・捜査を受けた場合に備え，対策を講じておきたい。どのような対策が考えられるか。

A

　海外拠点から適時かつ迅速な報告を行われるように，社内管理体制を整備し，レポートラインを明確化するとともに，日頃からその確認を行っておくこと，併せて，いざという場合に相談するべき現地の弁護士事務所を選定しておくことが望ましい。

(1)　当局による調査が発生する場面

　当局による調査は，全体として増加傾向にあると言えるが，その内容は，競争法，贈賄防止法，環境法，品質保証（GMP），不正会計，情報保護法等多岐にわたる。国や地域ごとの格差のみならず，各国の当局ごとに傾向が異なることも多く，必ずしもすべての場面において使える当局対応の定石が定まっているわけではない。

　しかしながら，当局の調査は，一般的に通報等に端を発して事実関係の調査から開始され，その結果を前提に法的な評価がなされることが多い。したがって，当局に対しては，事実関係を明らかにし，法的な評価が正当になされるよう協力をすることが肝要である。

　そのためには，会社として，十分な事実関係の把握ができる環境を日頃から整えておく必要がある。

　以下，順に見ていく。

(2)　子会社体制の確立

(i)　海外拠点内でのレポートラインの確立

　多くの日本企業では，海外拠点には支店長や子会社社長として本社から日本人従業員を出向させ，その下で現地の従業員を雇い入れている。

　そこで，まずは，レポートラインを明確に定め，日本本社との連絡窓口となる日本人従業員に，海外拠点における全ての情報を集約できる体制を整えることが，当局対応を受けた場面を想定した場合も，日常的な子会社管理の観点からも，重要である。

　そのうえで，各従業員に対し，上長に対する報告，連絡，相談を徹底させるよう，教育指導をする必要がある。なお，社内規則類について，日本本社における詳細な社内規程をそのまま現地語に引き直して適用しがちであるが，言語や文化の違いから，十分に履践されず，全く遵守されない規則だけが存在している，といった状態になってしまうことが少なくない。日本と同様の充実した規則類を定め遵守することは理想ではあるが，各国での文化や風土を前提として，現地において遵守できる形での規則に引き直したうえで適用し，日本本社において適時にかつ十分に事態を把握できる体制づくりに結び付けることが重要である。

(ii)　従業員の教育

　海外拠点においては，十分な人員が存在せず，従業員の教育まで手が回らないと考える企業も多い。しかしながら，日常業務の報告が十分になされないことにより，業務の効率性が上がらないのみならず，報告がなされないことに起因した業務上横領や情報漏えい等の問題およびその問題の把握ができない場面を作り出してしまうことにつながりかねない。

　したがって，どんなに人材が不足していたとしても，従業員の教育は不可欠である。具体的には，いわゆる座学による研修ではなく，OJTで，業務上の目的設定，その実行，上長への報告，というフローを遵守させることで，長となる日本人従業員が業務に関連した部下たちの動きを適時に把握できる環境を醸

成することを目指すべきであろう。

(iii) 海外拠点から本社へのレポートラインの確保

　日本からの駐在員の現地駐在が長期化し，人材が固定化すると，本社への十分な報告がなされないようになり，いざ問題が発覚した場合に本社において十分に指揮が執れないことも多い。また，駐在期間中に日本における法令の改正や経営環境の変化が進み，駐在員のコンプライアンス意識等に日本側との大きな差が生じていることも多い。

　そのような事態を回避するべく，現地での経験が豊富な駐在員だからといって必要以上に裁量を拡大するようなことはせず，海外拠点から本社へのレポートラインを明確に規定するとともに，必ず定期的に報告を上げさせ，密に連絡を取り合っておくことが肝要である。可能な限り，定期的な駐在員のローテーションも実施すべきであろう。

　なお，不正会計や贈収賄等については，日本からの出向者が当事者となっていることも多いことを踏まえ，実際に出向する従業員には，そのような事案の発生可能性について事前に注意喚起をしておくことが必須である。また，本社から定期的に海外拠点に赴くことや，疑義が発生した場合に通常のレポートラインを越えて直ちに報告がなされるよう内部通報制度を確保することも，有用であろう。

(3) 本社側での体制の確立

　上記のとおり，当局調査を受ける事態が発生する場面では，日本との連絡役である日本人従業員が当事者となっていることが少なくない。したがって，本社側でもそのような事態が発生した場合に対応できる体制を確立しておくことも必要である。

　本社における体制としては，単に海外拠点からの通常時のレポートラインの確保・確認のみならず，内部監査の定期的な実施や，内部通報制度の充実化が挙げられる。内部通報については，①本社で一括した内部通報制度を設けると

ともに，②通報窓口を本社（監査部等）や外部の弁護士事務所に設定する，③通報制度利用者の範囲を従業員のみならず，役員，退職者，取引先従業員等に広げる，④通報対象を法令違反だけでなく内部規律違反も含める，といった対応をすることが考えられる。内部通報制度の拡充は，海外拠点の上級職が当事者となっている不正や法令違反について初期的な把握をするためには極めて有効な手段である。ただし，通報の際の個人情報の取扱いや内部通報者の保護を含め，各国の法規制を確認する必要がある点に留意されたい。なお，日本においては，個人情報保護法および公益通報者保護法の確認が必須である。

　また，海外拠点に対する当局の調査・捜査については，海外拠点の担当者ではなく，海外拠点を管轄する海外事業部や業務部において対応することができるよう，日頃から十分な業務フローおよび状況の把握を行っておく必要がある。特に，問題が発覚した場合のレポートラインとして，法務や財務・会計，広報をはじめとする関係各所へのラインの確保・確認も行っておくことが望ましい。

⑷　海外当局とのやり取りにおける留意点

　一口に当局対応と言っても，全く予告なく強制的な調査・捜査を受けることは多くはなく，事前に何らかの形で，任意での調査協力要請や書面照会がなされるケースが一般的である。したがって，こうした事前の調査協力等の段階において，まずは当局が何を目的としたどのような調査をしようとしているのかについて，きちんと確認しておくことが必要である。この点，多くの国において，当局による調査には法的根拠規定が存在することから，当局から連絡を受けた場合には，その根拠規定を確認することができる。法的根拠のない要求に対しては毅然とした態度をとることも重要であり，当局からの具体的な要求事項に対しては，根拠法の明示や令状の呈示を確認したうえで応じる姿勢を原則とするべきである。また，調査を受け入れるに先立っては，調査員の身分・資格について確認するために身分証明書の提示を求め，その内容を記録したうえで調査に応じるべきである。

　当局とのやり取りにおいては，一般論として，反抗的な対応や頑なな態度を

採ることは望ましくない。担当者によっては調査対象の対応によって処分を重くする等の対応をすることが考えられるからである。しかしながら，他方で，すべてについて迎合する形で受け入れる必要もない。特に，当局に引き渡した物や書類は，一定期間（もしくは永久に）返却されない可能性も高く，言われるがまま対応してしまうと，その後の業務に支障を生じる可能性が高いことから，当局に対して交渉することも必要となる。

　また，書類については，秘匿特権（Privilege）等との関係で，実際に当局に開示し，または引き渡してしまうことに法的問題がないかを確認すべきであるし，当局に引き渡した物や書類の一覧を作成しておくことも，当局の調査の後，民事・刑事事件へ発展する可能性に鑑み，必須である。

　こうした問題について適切に対処するため，各海外拠点において日頃から相談できる現地の法律事務所を確保しておき，本社にも当該事務所の情報を共有しておくことによって，何かあった場合に相談できるようにしておくことが有益と思われる。

　また，当局から捜査・調査が入った場合に備えて役職員用の対応マニュアルを作成しておくことも，グローバルに展開している外国企業においてはよくみられる実務であり，日本企業も参考としてよいと思われる。

　なお，当局が調査に来る際には，弁護士の立会いを求めることも可能である。実際，上記のような当局との交渉については，現地の法律に精通した弁護士を通して行ったほうが安心感もあろう。

Chapter **3** ▶▶

紛争発生時の疑問点

Q29　紛争の発生と代理人の役割

　購入した商品に瑕疵があるので外国の取引先に対する代金支払いを止め
たところ，取引先の代理人を名乗る法律事務所から，警告書が送られてき
た。一方，取引先の担当者との間では，従来同様に問題解決のための協議
が継続している。この場合，当方も弁護士を依頼したほうがよいのか。ま
た，外国の弁護士を依頼すべきか，日本の弁護士でも対応できるのか。

A

　法律事務所からの警告書が送付されている以上，相手方は，既にトラブルの
内容について法律事務所を交えた具体的な検討を行っており，法的手続も視野
に入れていると考えられる。したがって，当方としても弁護士を依頼し，万全
の防御で対応を検討するべきである。この場合，どの国の弁護士を選定するべ
きかについては，原則として，契約書で合意された準拠法を基準として判断す
るのが効率的である。ただし，係争額があまり大きくない場合，準拠法が不明
な場合，準拠法の資格を有する弁護士へのアクセスが困難である等の場合には，
ひとまず日本の顧問弁護士に相談するのがよいと思われる。

(1)　弁護士依頼の要否

　外国の取引先から警告書等が送付された段階では，一般論として，当事者間
における話合いで問題が解決される可能性は残されており，訴訟や仲裁といっ
た法的手続まで発展してしまうかどうかについては即断できない。しかしなが
ら，弁護士名義での警告書が送付された以上は，法的手続に発展する具体的可
能性を視野に入れて対応することは必要である。したがって，設問の状況にお
いて担当者レベルでのコミュニケーションを安易に継続することにはリスクが
否定できず，避けるべきである。理由は以下のとおりである。

（i）　まず，弁護士からの警告書が送付されたということは，今後の取引先から

当方に対するコミュニケーションは，たとえ担当者ベースでのメールや口頭での連絡であっても，常に弁護士に対する相談を踏まえたものであると想定される。当方の担当者から取引先の担当者にコンタクトした際，仮に従来通りの友好的な反応が返ってきたとしても，背後では弁護士が逐一アドバイスを行っていることはほぼ確実であり，何らかのトラップが仕掛けられている可能性すら否定できない。当方も，常に弁護士によるアドバイスを踏まえた言動を心掛け，担当者ベースでの不用意なメール返信等を行わないよう防御態勢を整えておくべきである。

(ii) 設問の場合において，仮に購入した商品に瑕疵があったとしても，それを理由に代金の支払いを止めることが適用法上・契約上になしうるかどうかは別の問題である。先方との協議に入る前に，当方の対応が法律・契約に即したものであるかどうか，弁護士を交えて正しい法的判断を行っておく必要がある。

(iii) 取引先からの警告書への対応について，弁護士の関与なしに社内での連絡を行うと，訴訟や仲裁になった際の証拠開示手続においてこれらの連絡内容が開示対象となってしまう可能性がある。警告書への対応にあたって外部の弁護士を関与させておくことにより，万一，後日の訴訟や仲裁において弁護士・依頼者間の秘匿特権を主張する余地を生じさせることができる（詳しくはQ34参照）。

(iv) 取引先が米国企業である場合には，警告書の送付を受けた後に自社の電子メールや資料等を削除するとアメリカ法上の証拠隠滅に該当すると判断され，後日の訴訟において著しい不利益を被る可能性が生じる（詳しくはQ33・35参照）。したがって，このようなリスクを冒さないためにも，早期に弁護士に対して相談し，適切な対応をとれるようにしておくべきである。

(2) どのような弁護士を依頼すべきか

弁護士に相談するとして，どのような弁護士に依頼すればよいかという問題は，担当者にとって難しい問題である。適切な弁護士を早めに探し当てられな

いと，様々な法律事務所をたらいまわしにされた挙句，あちこちの法律事務所
からタイム・チャージ報酬の請求書を受け取るような事態にもつながる。

　私見としては，概ね以下のような基準で弁護士を選定すれば効率的ではない
かと考える。

(i)　紛争の相手方との間に，紛争発生の背景となった取引等について規定する
　契約書がある場合には，当該契約書の実体準拠法がどの国の法律であるか，
　管轄裁判所（仲裁条項がある場合には仲裁機関・仲裁地）がどこであるかを
　確認する。

(ii)　実体準拠法が日本法である場合は，先方の主張がどの程度合理性を有する
　のかを判断する際に日本法の知識と経験が必要である場合が多いことから，
　日本の資格を有する弁護士に相談するのが合理的であろう。もちろん，外国
　の裁判所が管轄裁判所として合意されているような場合，場合によっては当
　該国の弁護士に対して相談する必要が生じる場合はあるが，警告書の段階で
　は外国における法的手続に発展するかどうかはまだ不確定であるから，多く
　の場合，まずは日本の弁護士に相談することが適切である場合が多いと思わ
　れる。

(iii)　一方，実体準拠法が外国法であることが契約上明らかと思われる場合，上
　記(ii)の理由から当該国の資格を有する弁護士に相談するのが原則であろう。
　しかし，当該国の適切な弁護士にコンタクトすることが現実的に難しい場合
　もあるし，外国の弁護士を依頼すると（特に欧米の場合は）一般論として費
　用がかさみがちであることから，係争額（紛争の規模）やビジネスにとって
　の重要度に応じて，まずは日本の弁護士に相談し，今後の方針について協議
　してみるというアプローチも合理的である。

(iv)　契約書その他の合意文書が存在しない場合，または契約書等を見ても実体
　準拠法が判然としない場合は，合意管轄の裁判所の所在地に応じて相談先の
　弁護士を決めるべきである。たとえば，日本の裁判所で紛争が最終解決され
　ることが契約上定められている場合は，日本の国際私法（通則法）に基づい
　て実体準拠法が決定されるから，まずは日本の弁護士に相談し，実体準拠法

を見定めてから対応を検討するべきである。

　これに対し，外国の裁判所で紛争が最終解決される場合，当該国の弁護士にコンタクトし，当該国の国際私法に基づいて実体準拠法がどのように決定される顔のアドバイスを得なければ，取引先の主張の合理性についても正確な判断ができないことになる。ただし，直接外国の弁護士にコンタクトすることが困難である場合や，費用対効果に鑑みて合理的ではない場合には，初期対応を日本の弁護士に依頼することも現実的な対応としては考えられる。

　準拠法が不明であり，かつ，契約書に仲裁合意がある場合，最終的な紛争解決手段である仲裁においてどの国の法律が実体準拠法とされるかは仲裁廷の裁量による部分が大きく，一義的には判断できないが，仲裁経験の豊富な弁護士に相談すれば，一応の見通しを立てることは可能であろう。

Q30　弁護士報酬に関する留意点

　海外トラブルを取り扱う弁護士の報酬体系には，どのような特徴があり，どのような点に留意すべきか。国内の訴訟事件を依頼する場合と異なるか。

A

　海外トラブルを解決するための弁護士費用は，タイム・チャージ（時間制報酬）制となることが多いと思われる。この点は，国内の訴訟案件の弁護士費用が着手金・成功報酬制によって決定されるケースが比較的多いことと異なっている。海外の弁護士の関与が必要となる場合もあるうえ，作業量も多くなりがちな業務分野であるため，依頼者の側で効率的なコストコントロールを心掛けないと弁護士費用がかさんでしまう可能性がある。

(1)　弁護士報酬の自由化

　2004年3月まで，弁護士報酬については日本弁護士連合会の「報酬等基準規程」および単位弁護士会ごとの「報酬会規」によってかなり具体的に定められていた（旧基準）。このような報酬に関する規定は，弁護士にとって，無形のサービスに対する報酬の妥当性を依頼者に説明する際に極めて利便性が高く，また，依頼者にとっても弁護士報酬の目安がある程度示されるという一定のメリットがあったと言われていた。しかし，弁護士間の競争を促進して国民生活の利便を図るという政府の方針に応じ，2004年4月以降，弁護士報酬は自由化されている。一方，弁護士・弁護士法人は，それぞれ自らの報酬に関する基準を作成し，事務所に備え置かなければならないとされており，受任に際しては報酬・費用について説明する義務を負っている（弁護士の報酬に関する規程3条および5条）。また，依頼者からは，弁護士等に対して報酬見積書の作成および交付を申し出ることができ，これに対して，弁護士等はそれに応じるべき努力義務を負っている（同規程4条）。海外におけるトラブル事案の場合，解決ま

でにどの程度の労力・費用を要するかを初期の段階で見通すことは多くの場合
において困難であり，弁護士から確度の高い見積もりを引き出すことができな
い場合も多いが，一定の前提条件を置くなどしたうえで，何らかの目安の提示
を求めることは可能であり，必要と思われる。

(2) 着手金・成功報酬制とタイム・チャージ（時間制報酬）制

　弁護士報酬が自由化されて以降も，多くの弁護士・弁護士法人においては，
概ね旧基準を踏襲して自己の報酬基準を定めている傾向にある。特に民事事件
の着手金および報酬金については，旧基準をそのまま利用している例が多いよ
うに思われる。

　一方，主に海外に関係する案件を主に取り扱ってきた渉外弁護士は，弁護士
報酬の自由化前から，いわゆるタイム・チャージ（時間制報酬）制によって報
酬を得ているのが一般的であったし，現在でもその点には変化がない。渉外弁
護士においてタイム・チャージ制が採用されている背景には，従来取り扱って
きた案件の大部分が法律相談や契約交渉・契約書作成等であり，訴訟のように
勝敗が決せられないために着手金・成功報酬制が導入できないことや，海外の
（主に欧米の）企業法務を取り扱う法律事務所においてはほとんど常にタイム・
チャージ制が採用されていることが背景にある。このこともあってか，海外関
連の企業間紛争案件を取り扱う弁護士も，着手金・成功報酬制を採用すること
は例外的であり，タイム・チャージ制を採用しているケースが多い。紛争案件
である以上，着手金・成功報酬制を採用することはテクニカルには可能である
ものの，海外案件の場合には言語や海外出張等の関係もあって弁護士の作業量
が増大しがちであることも影響しているように思われる。ただし，依頼者の意
向によっては着手金・成功報酬制が採用されることもあるので，そのような意
向があるのであれば弁護士と協議するべきである。

　旧基準においては，タイム・チャージ制は1時間ごとに1万円以上と下限の
みが設定されていた。現在，東京都内における渉外法律事務所の場合，アソシ
エイト弁護士で2万円以上，若手パートナー弁護士で4万円以上が概ねの相場

ではないかと思われる。大手事務所のシニア層のパートナー弁護士だと6万円
〜8万円という例も珍しくない。大規模事件の場合にはこうした弁護士が複数
名でのチームを組んで対応することが多いため，1時間の会議1回で10万円以
上の弁護士報酬が発生することもあり，依頼者のコスト負担は大きい。

(3) 外国の法律事務所に関する費用

　海外トラブル案件を解決する際，事案によっては日本の法律事務所ではなく，
外国の法律事務所に直接依頼する場合や，日本の法律事務所と外国の法律事務
所の双方に依頼する場合がある。この場合，当然ながら外国の法律事務所に対
して支払うべき報酬も発生することになる。特にアメリカ・イギリスの法律事
務所は日本の一般的な渉外法律事務所に比べて弁護士報酬が高額であり，著名
な事務所のパートナー弁護士の場合，タイム・チャージ制で1時間10万円前後
ということもある。ただし，比較的リーズナブルな報酬水準を設定している中
堅以下の事務所も存在しており，事件の規模や性質によって上手に使い分ける
ことが望ましい。また，海外であっても，日本企業の案件を多く受任している
法律事務所や日本語対応が可能な法律事務所を利用すればコミュニケーション
にまつわるコストも一定程度削減できる可能性がある。

(4) タイム・チャージ制による場合の留意点

　タイム・チャージ制によって弁護士を依頼した場合，国内民事訴訟において
一般的な着手金・成功報酬制と異なり，早期に事件が解決した場合には弁護士
報酬が節約できる反面として，際限なく弁護士報酬がかさんでしまうリスクが
存在する。一方，報酬の節減のみを目的として仕事の進め方に口を出し過ぎる
と，弁護士のモチベーションを下げてしまう可能性もあるし，結果的に依頼し
た案件が望ましい結末を迎えられなければ意味がない。したがって，依頼する
企業側としては，弁護士による適切な案件処理に支障を来さない範囲で，いか
に不必要な弁護士報酬の増加をコントロールするかが重要な課題となる。報酬
のコントロールのために有用と思われる方策として，以下の2点が挙げられる。

(i) 早期かつ整理された資料の提供

案件に関わる資料が早期に，かつ整理されて弁護士に提示されることはコスト・コントロールのためには極めて重要である。せっかく依頼者から受領した資料を基に法的分析等を加えて戦略を立案しても，後日になってから弁護士に提供されていなかった重要な資料が発見されると，弁護士の作業効率に著しい影響が生じ，いたずらに使用時間がかさんでしまう結果につながる（最悪の場合，作業のアウトプットに対しても違いをもたらしかねない）。なお，ここでいう資料の「整理」とは，弁護士に対して提供する資料を依頼者の側で取捨選択・限定するべきだという意味ではなく，時系列順に見出しを付けたり，資料の作成時期・背景・作成者等の情報を整理して弁護士に提供することが望ましいという趣旨である。弁護士としては，必要な資料が依頼者から提供されないことが最も仕事の内容に影響するため，仮に関連する資料が膨大で取捨選択が不可避であれば，依頼者のみの判断ではなく，弁護士と相談しつつ取捨選択を行うべきである。

(ii) 弁護士に対する作業依頼内容の限定

たとえば，社内での説明用に，英語・外国語で作成されている書面（たとえば，仲裁や海外訴訟の準備書面など）の日本語版を作成する必要が生じることがあるが，これを弁護士に依頼するとかなりのコスト増加要因となる。法律的な観点でさほどの厳密な翻訳が必要でないのであれば，社内で日本語版を準備するか，外部の安価な翻訳業者を利用するほうがコストの節減につながる。

また，関係者に対するヒアリングの議事録などを弁護士に作成を依頼することがあるが，これもコストの増加要因となる。ヒアリングを実施した場合に弁護士自身の手控えを作成しているとしても，それを依頼者に対して交付するとなれば体裁を整え，文章を整理することになるので，一定の作業時間を要する。記録用の録音をとる等の方法で対処するなど，事案の解決に直接かかわらない作業を弁護士に依頼しないことによってコストは節減できる。

Q31 レターのやり取りの方法

> 取引のある外国企業から，取引上のトラブルに関する警告書が電子メールに添付して送られてきた。これに対する返信は電子メールで行えば足りるのか。

A

　一般論としては，サイン・押印済みの回答書面をPDF形式のファイル等として，電子メールに添付して送れば足りる。ただ，契約書において，こうした局面における連絡手段が規定されている場合には，当該規定に従い，別途，クーリエやEMS等で書面の原本を送付しておく必要がある。

(1)　日本と海外の慣行の相違

　日本企業同士のトラブルの場合，担当者間の任意の話合いが行き詰まると，弁護士名義での配達証明付内容証明郵便でのやり取りが行われ，それでも解決ができない場合には裁判に移行する，という流れが一般的である。配達証明付内容証明郵便の機能は，文字通り，「送付された郵便がいつ配達され，かつその内容がどのようなものであったか」を郵便局が証明するというものである。本来，配達時期や内容を後日になって立証する必要が生じる可能性が必ずしも高くない文書であれば，あえてこの方法を採用する意義は薄い。しかし，日本においては，弁護士名義の内容証明郵便を送ることが法的手続に向けた送信者の覚悟を示す意味合いを有している。このため，紛争の相手方が弁護士名義で配達証明付内容証明郵便を送ってきた場合には，同様の方法で返信するということが一種の作法であるかのように考えられている。

　一方，このような日本の内容証明郵便を海外に対して発信することはできない。また，海外においては，日本の配達証明郵便に該当する制度（certified mail）はあっても，郵便の内容を証明する機能を有する制度は一般的には存在

しない（ごく一部，韓国のような例外はある）。したがって，国際的なトラブルにおいては，こうした通信はクーリエ（DHLやFedExのような国際宅配便）やExpress Mail Service（EMS・国際スピード郵便）を利用したり，電子メールを利用したりすることが一般である。クーリエやEMSの場合，配達については後日の証明が可能になるものの郵便物の内容までは証明できないというデメリットがある。一方，電子メールであれば送信日時および通信の内容が後日になっても高い蓋然性で確認でき，即時に通信も完了するため，（偽造・変造リスクを完全には払しょくできないとしても）実質的な利用価値は高い。

　なお，ファックスも，電子メールと同様に送信日時と内容を後日でも確認することができ，通信に即時性もある点で利便性が高く，日本国内の連絡手段としては（弁護士や裁判所における通信においても）依然として広く利用されている。しかし，国際的にはファックスの利用が激減していると言われており，国際的な法的トラブルの場面においては原則として利用を避けたほうが無難である。

(2)　契約条項との関係に留意

　海外取引においては，契約書に連絡手段や連絡先が定められている条項が置かれていることが多い。したがって，トラブルが発生しつつある場面においても，余計な争点を増やさないため，こうした条項に従った連絡方法となっているかを確認しておくべきである。特に，契約関係が長期にわたっている場合には，契約書が作成された時期も相当前となるため，ファックス（極端な場合にはテレックス）等が連絡手段として指定してあることもある。契約書の文言によっては電子メールによる連絡が有効な通信手段と認められない可能性もあるため，注意が必要である。

(3)　本件における対応

　先方からの警告書が電子メールである場合には，契約書において電子メールの利用が認められない可能性があるような規定が置かれている場合を除き，通

常は電子メールで返答すれば足りるであろう。一般的には，サイン・押印した
回答書面をPDF形式のファイルとして保存し，添付ファイルとして送るとい
う方法で問題ないと思われる（メール本文には「添付参照」程度の記載をして
おけば足りる）。

　もし，契約書において電子メールの利用が制約されている場合，電子メール
の添付ファイルとして送信すると同時に，別途，契約で定められた連絡手段
（クーリエやEMS等）を通じた連絡を行っておくべきである。また，契約書で
連絡窓口担当者が指定されているにもかかわらず，警告書の送信人が当該担当
者とは異なっている場合もあるが，返信に際しては，当該送信人に加え，契約
書上の担当者も電子メールの宛先に加える等の配慮をしておけば問題は生じな
いであろう。

Q32 国際訴訟にかかる費用・時間

　国外の取引先との間で現在トラブルが発生しており，今後訴訟に発展するかもしれない。仮にこのトラブルが外国または日本の裁判所において訴訟となった場合，終結までにはどの程度の期間がかかるのか。また，訴訟のコストはどの程度見込んでおけばよいか。

A

　訴訟に要する期間・コストは紛争ごとに大きく異なるため，抽象的に予測を行うことは困難である。

　もっとも，国際訴訟（特に日本企業が外国裁判所で提訴されたようなケース）の場合，解決までの期間・コストともに長期化・増大する傾向があり，早期に和解できなければ大きな負担となるリスクがある。一般論でいえば，各国の裁判所に対して納める手数料が高額に上ることは通常ないものの，国内外の弁護士に支払う報酬や，証拠収集のための費用，翻訳・通訳・渡航費等の費用が高額になることが多い。特に，アメリカの裁判所では証拠開示手続である「ディスカバリー」が行われることも相まって，弁護士報酬等が高額になりがちである。

(1) 外国裁判所における訴訟の特徴

　訴訟制度は国によって大きく異なるものの，日本の訴訟と外国の訴訟の大きな特徴の一つとして，英米法系の国を中心に，日本には存在しない証拠開示手続が実施される点が指摘できる。いわゆる「ディスカバリー」と呼ばれる手続であり，手持ちの証拠を相互に強制的に開示し合うものである。

　ディスカバリー等の証拠開示手続は，訴訟手続全体の中でも審理期間の相当大きな部分を占める。実際に証拠開示手続が実施される訴訟は，訴訟全体のうち一部にすぎないといわれるが，仮に行われた場合には，期間・コストともに

増大し，企業にとって大きな負担となる（ディスカバリーの詳細はQ35参照）。

(2)　訴訟に要する期間

　訴訟に要する期間はケースによって大きく異なるため一概にはいえないが，地方裁判所レベルの各国の裁判所に係属した民事事件を比較すると，日本の地方裁判所における第一審訴訟事件の平均審理期間が9.0月である一方，諸外国では，アメリカの連邦地方裁判所が7.8月，イギリスの高等法院が11.6月，ドイツの地方裁判所が8.2月，フランスの大審裁判所が7.9月となっており，大きな差はみられない（ただし，日本は2018年，アメリカは2012年，イギリス，ドイツおよびフランスは2011年の統計数値であり，必ずしも単純比較はできない）。

　ただし，これらのデータは，国内の当事者同士の訴訟が大部分を占める平均値であり，国外の企業を相手方とするような国際訴訟の場合は，訴訟に要する期間も大幅に長期化することを想定しておくべきである。

　まず，訴訟を開始するためには，被告となる者に対して訴状を送達しなければならない。たとえば，原告が日本に所在する日本企業，被告が外国に所在する企業というケースで，日本の裁判所に訴訟が提起された場合，送達は国境を越えて行われる必要が生じる。このような国際送達では，国内紛争の場合と異なり，日本の裁判所から相手方に対して直接行われるのではなく，相手方所在国の領事館や大使館を通じて行われることになる。また，送達する書類には，当事者において訳文を付さなければならない。そのため，訴状の送達だけでも数カ月以上要することを想定する必要がある。このことは，外国において日本企業を被告とする訴訟が提起される場合も基本的に同様である。

　また，日本の裁判所では，外国語の証拠についてはすべて日本語訳を添付する必要があり，このための手間とコストが必要となる。同様に，外国裁判所において訴訟を追行する場合，日本語の証拠については提出前に裁判所所在国の使用言語への翻訳文を添付する必要があることが通常である。加えて，外国の弁護士を代理人とすることからコミュニケーションに時間と手間を要し，主張書面の作成や社内確認も負担が大きくなりがちである。

(3) 訴訟に要するコスト

訴訟に要するコストとしては，大きく分けて，裁判手続費用と弁護士報酬の2つがある。これに加えて，国際訴訟の場合には，移動のためのコスト（渡航費等）や，翻訳・通訳の料金，証拠収集のための費用（専門的な意見書を取得する際の専門家に対するフィー，証拠収集の際に利用するITベンダー等の料金等）が高額になることが多い。

一般に最も高額になるのは，弁護士報酬である。弁護士報酬には，タイム・チャージと呼ばれる弁護士の稼働時間あたりの報酬額で計算される方式と，コンティンジェンシーと呼ばれる成功報酬方式が存在する（弁護士報酬についての詳細はQ30参照）。タイム・チャージ方式の場合の時間単価（アワリーレートと呼ばれる）は国や法律事務所によりまちまちであるが，たとえばアメリカで定評のある法律事務所を利用したいのであれば弁護士1人の1時間あたりの金額として400米ドルから800米ドル程度を見込んでおく必要がある。なお，外国弁護士とのスムーズなコミュニケーションの実現のために必要な場合や，裁判所の所在国と異なる国の法律が準拠法である場合（たとえば，アメリカの裁判所で訴訟提起しているものの，紛争の実体法上の準拠法が日本法であるとき。なお，準拠法についてはQ10参照）等には，日本と外国双方の弁護士を起用しなければならず，これにより弁護士報酬が一層高額になることも多い。

また，日本では裁判の勝敗にかかわらず，弁護士報酬をそれぞれの当事者が自己負担するのが原則であるが，諸外国においては，敗訴当事者が相手方の弁護士報酬をも負担する国も少なくない。

たとえば，イギリスやフランス，韓国，シンガポールなどの裁判では，原則として，敗訴当事者が相手方の弁護士報酬を含む裁判手続費用を負担する。したがって，敗訴すると，自己の弁護士への報酬に加え，相手方が利用した弁護士への報酬をも負担しなければならず，敗訴当事者の経済的負担が大きい。ただし，このような敗訴当事者負担が原則の国においても，裁判官の判断により，公平や当事者の経済的事情が考慮されて支払いが命じられないことや，負担割合が軽減されるなどの措置がとられることがある。

　一方，アメリカでは，当事者が自己の弁護士報酬を負担するのが原則である。ただし，特定の法分野に関する訴訟や，一部の州法，判例法の下では，勝訴した当事者から敗訴した当事者に対して弁護士報酬の一部を回収することが認められている。

　なお，国によっては，第三者の費用負担によって訴訟や仲裁を提起することが認められている。これは，第三者が紛争当事者に対して資金提供をする代わりに，その当事者が勝訴した場合に獲得する金銭等の一部を受け取るという仕組みであり，訴訟コストを心配する当事者が訴えや仲裁に踏み切れずに泣き寝入りするような事態を食い止める効果がある。このような仕組みはThird Party Fundingと呼ばれ，かつては禁止する国が多かったが，現在ではイギリス，シンガポール，香港，オーストラリアなどの国で許容されるに至っている（日本においては，現段階では弁護士法上の問題が払しょくできないとの指摘がある）。もっとも，第三者から資金提供を受けられる案件は，勝訴見込みや訴額の大きさ等の観点から，当該第三者にとって投資回収の見込みがあるものにおのずと限られることはもちろん，利用対象を国内紛争に限定している国もあるため，実際に日本企業が活用できるケースは多くはないと思われる。

Q33 リティゲーション・ホールド

> 海外取引先から警告書が送付されてきて，訴訟提起も辞さないとの強固な姿勢が示されていた。社内で何か対応しておくべきことはあるか。

A

　訴訟提起の可能性を認識したと判断し，訴訟に関連する情報・証拠の廃棄を防止し，保全する手続をとる必要がある。

⑴　リティゲーション・ホールドの意義と必要性

　訴訟における証拠には，紙媒体の文書のみならず，電子メールを含む一切の電子データや物（および証人による証言）が含まれる。英米や香港，シンガポールなどのコモン・ローの法域においては，自己に有利であるか不利であるかにかかわらず，手持ち証拠を相手方に開示・閲覧させなければ適正な裁判はできないという基本的な考え方のもと，訴訟の相手方に対して証拠開示を請求することができる（いわゆる文書等提出要求）。そして，この権利を背景に，訴訟当事者は，訴訟に関連する情報・証拠を保全するために合理的かつ誠実な措置を講ずるべきであるという考え方がある（証拠保全義務（duty to preserve evidence））。法域により対象の違いはあるものの，この証拠保全義務を根底に，その履践のために訴訟に関係する情報を保全しておく手続を，本項ではリティゲーション・ホールドという。

　なお，上記に対し，ドイツ，フランスや日本を含む成文法の法域においては，何人も自己に不利益な証拠を与える義務を課されないという考え方に基づき，相手方に対する証拠開示要求は制限的となる伝統的な傾向がある。しかし，日本の民事訴訟法においては，原則的な文書開示義務を定めているように（民事訴訟法220条各号），いずれの法域においても，証拠収集に関する基本的な考え方の違いにかかわらず，歩み寄りが見られる状況にある。

　特にコモン・ローの法域においては，企業がリティゲーション・ホールドを適切に実施するため，訴訟を合理的に予期できるに至った段階で，情報保全を指示する通知を出すという実務が定着している。下記に見るとおり，文書等提出要求に応えられない場合には，いずれの法域においても，一定の制裁が科される可能性があることから，それを避けるためには，適時にリティゲーション・ホールドを行うことが重要である。日本企業であっても，海外での訴訟提起を受ける可能性が生じた場合には，同様のリティゲーション・ホールドを行えるような体制を整えておく必要がある。

(2)　法的な義務づけがある場合

　証拠保全義務は，上記のとおり，証拠収集に関して，有利・不利にかかわらず手持ち証拠を相手に閲覧させるべきであるという考え方を基礎にして証拠開示要求を認めることに基づいており，イギリスのように明文で定める例もあれば，アメリカのように明文は存在しないものの判例上リティゲーション・ホールドの不備に対して厳しい制裁が科すという例もある。このように，リティゲーション・ホールドが法的に義務づけられているか否かは，明文が存在するか否かではなく，証拠開示を行わない場合に制裁が存在するか否か，また，その内容がどのようなものかによって事実上決せられる。

　たとえば，アメリカでは，2015年に連邦民事訴訟規則が改正され，電子データについて規定する37条(e)項において，合理的な保全措置をとらなかったために電子データが失われた場合，裁判所は原則として開示請求当事者が被った不利益を治癒するために必要な措置を命じることができるとともに，仮にかかる保全措置の不作為に故意がある場合には，失われたデータが被請求当事者に不利益なものだったと推定することや，そのように推定できることまたは推定しなければならないことを陪審に対して説示することができ，さらには懈怠判決を下す権限まで定められている。

　イギリスの証拠開示手続は，アメリカほど広範なものではないとされている。しかし，証拠開示に応じない場合，裁判所において，対象文書の援用を禁止し

または対象文書によって支えられている主張を却下したり，訴え自体が却下されたり，さらにはトライアルなしに判決が出されたりする等の制裁がなされることとなる。

香港でも，英米と同様に，証拠開示要求を行うことができる。そして，相手方が開示しない場合には裁判所に対して証拠開示命令の申立てを行い，裁判所の命令に反して相手方がこれを提出しない場合には，相手方に対する敗訴判決を出すよう申し立てることができるとされている。

シンガポールにおいても，訴訟当事者には，当該訴訟に関連する証拠のうち，自らの所有，占有，処分権限下にある証拠については相手方および裁判所に対して開示する一般的義務が課させられている。そして，開示要求に応じない場合には，裁判所がふさわしいと考える命令を発令することができるとされており，その内容は，訴えの却下や，防御の失敗（およびそれに伴う判決）を含む。

(3) リティゲーション・ホールドのタイミングと具体的な対応

具体的にいつから証拠保全義務を負うかについては個別事案における事実関係によって判断されるが，一般的には，「当事者が訴訟を合理的に予期するに至った場合」（"Once a party reasonably anticipates litigation", *Zublake v. UBS Warburg LLC*, F.R.D 212（S.D.N.Y. 2003）参照）と考えられている。たとえば，相手方から訴状を受領した場合には当然として，それ以前であっても，たとえば損害賠償を求める最後通牒等を受領した場合等には訴訟を合理的に予期するに至ったと判断される可能性が高い（同様に，こちらからそのようなレターを送付する場合も含む）。他方で，口頭で「訴えてやる」等の発言が出ただけでは判断できない場合も多く，多くの場合，当事者間の関係や交渉状況等の背景事実を加味して判断することになる。

なお，訴訟における証拠は，紙媒体の文書，電子メールを含む一切の電子データや物（および証人による証言）すべてを含むことから，訴訟に関連するこれらの対象物を保全することが，リティゲーション・ホールドの内容となる。具体的には，①文書や電子データを保有している関係者の特定，②紙媒体や物

の所在確認および確保・保全，③電子メールや文書管理システムの自動消去プ
ログラムの一時停止，④バックアップデータの確保などが含まれる。

　訴訟を合理的に予期するに至った場合，担当部署は，関係部署に対してリ
ティゲーション・ホールドの通知を行うべきこととなる。リティゲーション・
ホールドの通知文書には，一般的に，①事案の概要，②保全すべき情報の具体
例，③保全すべき情報の所在場所，④保全すべき情報の対象期間，⑤情報を保
全するための手順，⑥情報を保全しなかった場合の制裁，⑦保全に関する問い
合わせ先等を記載するのが一般的である。関係者の範囲が限定できる場合には，
その範囲で，情報保全を指示する通知文書を回付することになる。他方で，関
係者の範囲が特定できない場合や，関係者が広く社内に存在する場合には，全
社に対してそのような通知文書を回付することも検討するべきである。なお，
通知文書を受領するのは法務関係者でないことが多いことから，具体的に受領
者からみて何をどのように対処すべきかが判断できるように，また，判断でき
ない場合には，責任者（法務部等）に問い合わせをして判断を仰ぐように，明
確に記載するべきである。また，証拠保全義務は，訴訟係属中も続くことから，
上記通知文書を単に回付するだけではなく，かかるリティゲーション・ホール
ドがきちんと行われているか確認をする作業も行うべきである。いざ証拠開示
対応をしようとしたときに保全できていなかった，ということのないよう注意
されたい。

⑷　設問の場合

　設問においては，送付された警告書において訴訟提起も辞さないとの強固な
姿勢が示されており，背景事情によるものの，一般的には，合理的に訴訟提起
の可能性を予期できる内容と言える。そこで，当該警告書を受領した時点にお
いて，紙媒体の文書，電子メールを含む一切の電子データ，証拠物件や証人と
なりうる人材の保全を行うために，社内関係部署にリティゲーション・ホール
ドの通知文書を回付し，訴訟に関連する情報・証拠の廃棄を防止し，これらを
保全する手続をとる必要がある。

Q34　秘匿特権とは

　　当社は国外メーカーの日本における販売代理店であるが，先日，当該国
外メーカーと国内の客先との間で紛争が生じ，当社もこれに巻き込まれて
しまった。客先に対する対応方針についてメーカー側に相談したいが，
「秘匿特権の問題があるので現時点では協力できない」と言われてしまっ
た。これはどのような意味か。

A

　いわゆる英米法系（コモン・ロー）の国では，秘匿特権と呼ばれる，弁護士
との間のコミュニケーションを秘密として保護される権利が依頼者に認められ
ている。

　もっとも秘匿特権により秘密として保護されるコミュニケーションであって
も，これを，第三者に開示してしまうと基本的に秘匿特権を放棄したとみなさ
れるため，不用意に第三者へ開示することは避ける必要がある。国外メーカー
の反応は，この点を踏まえたものであると思われる。

(1)　秘匿特権とは

　アメリカ，イギリス，カナダなど英米法系（コモン・ロー）と呼ばれる法体
系の国々では依頼者弁護士秘匿特権（Attorney-Client Privilege・「秘匿特権」）
と呼ばれる権利が判例上認められてきた。秘匿特権とは，弁護士と依頼者との
間での，弁護士の法的助言に関してなされた交信（コミュニケーション）を開
示することを拒否できる依頼者の権利をいう。その趣旨は，弁護士と依頼者間
のやり取りを秘密として保護することによって，依頼者が安心して弁護士に相
談できることを制度的に保障するものである。現在ではそれぞれの国の法律に
も規定されている。

　なお，秘匿特権が存在しないドイツやフランスなどの大陸法の国においても，

弁護士の守秘義務を基礎として，弁護士の職業上の秘密を含む事項については開示を拒絶する権利が認められており，依頼者の秘匿特権とは別の制度であるものの，弁護士と依頼者との間のコミュニケーションは保護されている。我が国においても，弁護士には守秘義務が課されており，この義務の存在を前提に，守秘義務の対象となる事実，すなわち弁護士がその職務上知るに至った事実については，訴訟において証言や文書の提出を求められてもこれを拒むことができる権利が認められている。最近では，アジアや南米等の新興国においても，依頼者・弁護士間の交信を保護する制度が導入されている。

　秘匿特権には，ディスカバリー（証拠開示手続。Q35参照）において証拠の開示を拒絶できるという重要な効果がある。すなわち，秘匿特権の対象となる情報であれば，本来ディスカバリーによって開示の対象となるものであっても，当事者はその開示を拒否することができる。

(2)　秘匿特権が認められるための要件

　同じ英米法系の国によっても差があるが，たとえばアメリカにおいて秘匿特権が成立するには，一般に，以下の4つの要件を満たす必要がある。

---

① 「交信（コミュニケーション）」であること
② 「弁護士」と「依頼者」の関係にあること
③ 「秘密性」が保持されていること
④ 「法的助言」に関連してなされたこと

---

　②の「弁護士」とは，アメリカ国内の所定の弁護士会に所属する者を指し，その他の弁護士や法務部員との交信には，原則として秘匿特権は及ばないとされている。そのため，アメリカ以外の国の弁護士資格のみを有する弁護士や，弁護士資格を有さない法務部員との社内でのやり取りについては，秘匿特権が認められない可能性が高い。ただし，米国裁判所において，外国法が適用される場合には，当該国の法制度に照らして，当該国の弁護士との交信についても秘匿特権が認められるのが一般的である。たとえば，日本法が適用される紛争

の場合には，弁護士に守秘義務のある内容について証言や開示を拒むことができるという日本の法制度に照らして，米国裁判所においても日本の弁護士との交信が秘匿特権により保護される可能性が高い。

　また，④の「法的助言」に関連しているか否かの判断は，交信の具体的内容や交信の目的に即して実質的になされるが，実際上，交信が行われた当事者の属性によっても左右されることが少なくない。たとえば企業内弁護士を含む社内でのやり取りが法的助言に関するものであるかについては，本来ケース・バイ・ケースであるものの，主たる目的がビジネス上のものであると認定されやすく，厳しい判断が下される傾向にある。また，弁護士でない者に宛てられたEメールのCCに弁護士が含まれていても，当該弁護士に法的助言を求める意図があったとは通常考えられないため，「法的助言」に関連してなされたとは認められがたい。

(3)　秘匿特権の利用

　実際にディスカバリーにおいて秘匿特権を根拠に開示を拒否するためには，秘匿特権が主張されていることが必要である。

　具体的には，ディスカバリーの際に，秘匿特権を利用して提出しない文書やデータについて，タイトル，"PRIVILEGE" 表示の有無，作成日時，作成者，作成目的などを記載した一覧表（Privilege Logと呼ばれるものである）を作成して，相手方に提示する必要がある。この一覧表の提出を怠ったり，これに記載した情報が不十分であったりすると，秘匿特権の保護を受けられず，開示を命じられることもあるため，留意が必要である。

(4)　秘匿特権を利用する際の留意点

　秘匿特権を利用するためには，紛争の端緒が生じた時点（できればそれ以前）のなるべく早い段階で弁護士を関与させることが非常に重要である。そのほか，秘匿特権のメリットを最大限享受するため，米国企業等と紛争が生じる可能性のある日本企業は，以下のような点に留意したい。

　第一に，ディスカバリーにおいてPrivilege Logを作成する際には，膨大な資料の中から，秘匿特権の対象となる資料を選別して記載しなければならない。その際に，最終的には1つひとつ内容を確認する必要があるものの，日頃から効率的に選別できるような資料の作成を心掛けておくことで，ディスカバリーの際に必要となる作業が大幅に楽になり，ひいては弁護士費用の節約につながる。具体的には，秘匿特権の対象となりうる文書には，上部の余白などに"Privileged and Confidential"などと記載して，後々，秘匿特権の対象となる資料の選別作業が容易になるよう工夫を心掛けるべきである。

　第二に，弁護士との間で法的な内容についてやり取りした後に，その内容について，知る必要（Need to Know）がある者以外の者へ開示してしまうと，原則として秘匿特権を放棄したとみなされてしまう。たとえば，弁護士からのアドバイスを外部のPR会社と共有したため，秘匿特権を放棄したと判断された事例が存在する。他方，弁護士からのアドバイスを社内で実践するために，その内容を引用して社内の関係者に電子メールを送付したとしても，これは当該アドバイスを知る必要がある者への開示にすぎないため，秘匿特権を放棄したとはみなされない。

　秘匿特権の対象となる情報を知る者が，これを知る必要がない第三者にまで不用意に情報を伝えて秘匿特権による保護を失ってしまうことがないよう，秘匿特権の対象である情報を保有する社員には秘密性の厳守を徹底させることが肝要である。外国企業と取引のある企業は，平時から，弁護士と電子メールで法的内容についてやり取りする際に社外や担当外の第三者をむやみに追加しない，秘匿特権の対象となる情報については社内でもアクセスを制限しておく，といった工夫も必要である。

(5)　設問の事例について

　設問の事例では，国外メーカーは，弁護士からのアドバイスに基づいて客先との対応方針を決定していると考えられるところ，これを販売代理店に伝えると，知る必要のない第三者への開示により秘匿特権を放棄したとみなされる可

能性があると考え，「現時点では協力できない」と述べたと考えられる。

　もっとも，第三者が共通の法的利害を有する者である場合，そのような第三者への情報開示は秘匿特権の放棄とはみなされない。メーカーと販売代理店が紛争において同じ立場に立つ場合，両者は，紛争の相手方に対して相互に矛盾のない対応が求められるから，設問の国外メーカーと販売代理店は共通の法的利害を有する者同士であるといいうるであろう。そこで，国外メーカーに対しては，共通の法的利害を有する者への情報開示であるから秘匿特権の放棄とはみなされない旨を伝えて，情報を共有するよう提案することが考えられる。

　なお，実際に情報の開示を受ける際には，あらかじめ，共通利害契約（common interest agreement）または共同防衛契約（joint defense agreement）を締結しておくことが望ましい。共通の法的利害があるか否かが契約書の有無により左右されるわけではないものの，書面により共通利害関係の存在を確認しておくことによって，後に共通利害の存在を主張しやすくなるという側面があるためである。

Q35　ディスカバリー手続

アメリカにおいて訴訟をする場合，ディスカバリーという手続が大きな
負担になると聞いたことがあるが，具体的にはどのような手続なのか。

A

ディスカバリーとは訴訟の当事者双方が相互に関連証拠を開示し合う一連の
手続であり，一般に莫大な労力と費用がかかる。

(1)　ディスカバリーとは

ディスカバリー（discovery）とは，英米や香港などのいわゆる英米法系（コ
モン・ロー）の国の民事訴訟において，相手方に関連証拠を開示させる一連の
手続であり，日本語では「証拠開示手続」などと訳される。その他にディスカ
バリーが存在する国としては，カナダ，オーストラリア，シンガポールなどが
ある。

日本の訴訟においては，当事者は基本的に，手持ちの証拠を利用して立証し
ていくほかないのに対し，ディスカバリーが存在する国の裁判では，当事者双
方がディスカバリーを通じて相手方から得た証拠を自身に有利に用いることが
できるという点で大きな特徴がある。なお，日本の訴訟においても，相手方や
第三者の保有する証拠を開示させる制度として文書提出命令や文書送付嘱託と
いう制度が存在する。もっともこれらの制度は，開示を求める個別の文書につ
いて具体的に特定したうえで開示等を要求しなければならないという点で，開
示の対象が極めて広範になりうる英米法上のディスカバリーとは実務的な位置
づけが全く異なる。

以下，アメリカの民事訴訟におけるディスカバリーを念頭に置き，その概要
を説明する。

(2) ディスカバリーの種類

　ディスカバリーは原告の訴状と被告の答弁書が提出された後に開始される一連の証拠開示手続の総称であり，個別の手続としては，(i)インターロガトリー（質問書・Interrogatory），(ii)文書等提出要請（Request for Production），(iii)デポジション（証言録取・Deposition）などがある。このうち，(ii)文書等提出要請と(iii)デポジションの２つが特に当事者にとって多大な費用と労力を要することが多く，ディスカバリーにおいても中心的な手続であると考えられている。

　各手続の概要は以下のとおりである。

(i) インターロガトリー（質問書）

　インターロガトリーとは，当事者間において書面を交換して行う質問の手続である。

　相手方からインターロガトリーの送付を受けた場合，原則として30日以内に回答（または理由付きの異議）を送付しなければならない。質問の趣旨が曖昧であったり，秘匿特権（Q34参照）に該当するため回答を拒むことができる場合には，速やかに異議を出すべきである。

(ii) 文書等提出要請

　文書等提出要請とは，相手方当事者や第三者に対して，検査や複写などをするために，文書や電子的情報（電子メールなど）の提出を書面で求める手続である。

　文書等提出要請を受けた場合，インターロガトリーと同様，原則として30日以内に要請に応じるか，理由を付して異議を述べなければならない。

(iii) デポジション（証言録取）

　デポジションとは，訴訟の当事者または第三者に対して法廷外で尋問を行い，そこで得られた証言を記録する手続である。録取された証言は，公判における証人尋問の代わりに証拠として提出することができる。デポジションは，基本

的には，関係者や弁護士が1つの部屋に集まって行うため，場合によっては外国への渡航が必要となる。

　デポジションにおいて，企業の役員や従業員が尋問の対象となった場合，相手方弁護士からの質問に対して他の証拠と矛盾した証言をすることがないよう，弁護士との間で入念な事前準備を行う必要がある。また，日本企業が当事者の場合には，通訳を介して一連の質問が行われ，長時間に及ぶ傾向があること等から，尋問の対象となる担当者にとってはかなりの精神的・肉体的負担となる。

(3)　ディスカバリーに要する多大な労力・費用

　アメリカの訴訟におけるディスカバリーで開示の対象となる証拠は，「当事者の請求または防御と関連する範囲」の資料であり，「関連するかもしれない」程度のものもこれに含まれる。そのため，開示対象となる資料は膨大な数に及ぶことが多く，特に大型訴訟や複雑な訴訟においては，多大な労力を要することとなる。

　企業が扱う情報の大部分が電子情報として保存されている近年においては，eディスカバリーと呼ばれる，電子情報（電子メールをはじめとしたPC・サーバ上に保存された文書ファイル等）を対象とするディスカバリーが大きな重要性を持つ。ディスカバリーの中でもこのeディスカバリーに要する労力・コストが著しく，訴訟1件あたりの平均が100万ドルを超えるともいわれる。eディスカバリーにおいては，膨大なデータから関連する電子情報を適切に選別・分析するため，外部の専門業者を情報の保存・選別作業に関与させるのが通例となっている。

　また，デポジションにおいても，綿密な事前準備を要することから弁護士費用が高額になりがちである。国際的な紛争である場合にはさらに，通訳費用や，事前打合せやデポジション当日の関係者の渡航費・宿泊費なども必要となる。

　このように，ディスカバリーには莫大な労力と費用がかかることが少なくない。そのため，和解金の支払いにより早期に解決したほうがトータルではコストが抑えられる場合もあり，和解の成立を促進するという副次的な効果を有し

ている。

⑷　ディスカバリーに関する留意点

　特にアメリカの裁判におけるディスカバリーに関して日本企業が留意してお
きたい事項は，以下の3点である。

⑴　取引開始時の契約内容

　第一に，日本企業が米国裁判所において訴訟当事者となった場合，当然に
ディスカバリーに応じる義務が生じることになるという点を認識すべきである。
したがって，取引先となる米国企業と契約を締結する時点で，裁判管轄条項に
おいて米国裁判所を管轄とすることに合意しないようにすることが一般に重要
といえる。ただでさえ外国裁判所における訴訟追行は日本企業にとって費用
的・労力的に大きな負担となるのであり，まして慣れないディスカバリーに対
応するような事態はできるだけ回避したいところである。

　米国裁判所を合意管轄の裁判所とすることを回避し，かつディスカバリー自
体を回避するための有力な手法として，契約書に仲裁合意を置くという選択肢
がある。当事者間において紛争解決手段として仲裁が選択された場合には，裁
判手続を利用することができないことに加え，国際仲裁においても証拠開示手
続は存在するものの，その内容・方法は一次的には当事者の合意によって定め
られるためである。米国企業を一方当事者とする国際仲裁や，米国弁護士が仲
裁廷に含まれる国際仲裁であっても，近時は，アメリカ式のディスカバリーの
ような広範な証拠開示手続が採用されることは少なくなりつつある。また，所
定の条件を満たした場合には，簡易仲裁と呼ばれる簡易迅速な手続を利用でき
る仲裁機関もあり，これによれば，広範な証拠開示手続は通常行われず，申立
てから数カ月以内で全ての仲裁手続が終了する（簡易仲裁についてはQ40参
照）。当事者間の合意によって簡易仲裁の適用を受けられる仲裁機関も存在す
るため，デメリットも考慮のうえで，あらかじめ仲裁合意において簡易仲裁を
利用する旨を定めておく選択肢も検討すべきであろう。

　以上をまとめると取引を始める際の留意点としては，契約書において，紛争が生じた際に仲裁によって解決する旨の合意（仲裁合意）を置くことや，可能であれば，仲裁合意の中でディスカバリーを実施しない（さらには，その他の証拠開示手続をも実施しない）ことを合意しておくことを検討することである。これらの取り決めの内容によって，万が一の場合の紛争処理に要する労力・費用が大幅に変わってくる。

(ii)　文書の保全

　第二に，ディスカバリーの対象となりうる資料は，それらを開示する前提として「保全」されていなければならず，不用意に廃棄してはならない。このような訴訟に関連する情報の保全はリティゲーション・ホールドなどと呼ばれる（詳細はＱ33参照）。具体的には，「訴訟を合理的に予期するに至った」時点で当事者は保全義務を負う。「合理的に予期するに至った」のがいつの時点であるかはケース・バイ・ケースであるが，日本企業が考えるよりも早い段階でそのように判断される可能性がある点に留意すべきである。訴訟に至る可能性が生じた早い段階で関係部署に対して電子メールや文書の廃棄を禁じておかなければ，意図的な廃棄でなくとも後記(iii)のような厳しい制裁が科されかねない。

　そのため，特に米国企業との取引が多い日本企業においては，「ドキュメント・リテンション・ポリシー」，つまり文書等の保存や管理に関する社内のルールを設けて，訴訟に関連しうる資料については廃棄が厳禁であることを社内において周知・徹底しておくことが望ましい。同時に，訴訟に関連し得ない情報（特に電子メール）についてはこのポリシーに従って平時から廃棄しておくことも，ディスバリーの際に莫大なコストを負担するリスクの軽減につながる。

(iii)　制裁の厳しさ

　第三に，上記(ii)にも関連するが，実際に紛争が生じ，訴訟においてディスカバリー手続に参加しなくてはならなくなった場合，仮に証拠の開示に応じな

かったり，存在するはずの文書が見つからずに開示できないといったことが
あったりすると，相手方の弁護士費用の負担など厳しい制裁が科される可能性
がある。極端な事例では，懈怠判決（default judgment）と呼ばれる，裁判所
の命令違反などに対する制裁として出される敗訴判決により，実質的な審理に
入る前に敗訴してしまうというリスクもある。

　以上のように，ディスカバリーは日本企業にとってはなじみのない手続であ
るが，平時から留意しておくべき事項が少なくない。米国企業と取引を行う日
本企業としては，いざ訴訟となってディスカバリーに応じなければならなく
なった際に慌てることがないよう，ディスカバリーを念頭においた社内体制を
構築しておくことを検討すべきであろう。

Q36 陪審裁判

アメリカにおいて訴訟をする場合，素人の陪審員がとんでもない判決を
出す可能性があるとよく耳にする。アメリカにおける陪審裁判の特徴とリ
スクについて知っておくべき点は何か。

A

アメリカの訴訟における陪審制とは，市民から選ばれた陪審員が，証拠に基
づく事実認定を行う制度である。

損害賠償の額も陪審員により判断されることがあり，被告となる当事者に
とっては莫大な金額の損害賠償が認定されるリスクが存在する。

(1) 陪審制の仕組み

陪審制とは，無作為に選任された市民によって構成される12名以下の合議体
によって「評決」（verdict）と呼ばれる判断がなされ，この評決に基づいて裁
判官による判決が下される裁判制度である。

一部の重大な刑事訴訟のみが市民による裁判員裁判にかけられる日本とは異
なり，アメリカでは，陪審裁判を受けることが一般に権利として認められてい
る。そのため，民事訴訟においても，当事者のどちらか一方が申し立てさえす
れば基本的に陪審による裁判が行われることになる。

(2) 陪審員の権限とその範囲

民事裁判において陪審員に求められる評決には，一般評決（general
verdict）と特別評決（special verdict）がある。一般評決では，根拠を明らか
にせずに，原告の主張が正しいか否かと，原告の主張が正しい場合に原告に与
えられる救済の内容（被告が原告に対して支払うべき損害賠償の額など）につ
いて，陪審が判断する。他方，特別評決では，裁判官から示された具体的な争

点について判断を行う。

　裁判官は陪審員の評議に加わることはできず，陪審員は裁判官から独立して評決する権限を有する。

　最終的に判決を出すのは裁判官であるが，裁判官は陪審の評決に基づいて判決を出さなければならない。ただし，評決が明らかに誤りであったり，不当であると思われる場合には，評決に基づかない判決を出したり，やり直しを命じたりすることができる。また，評決で示された損害賠償額については，裁判官がこれを変更することができる。

(3)　陪審裁判の流れ

　アメリカの民事裁判は，大きく分けると，トライアル（法廷審理，trial）前の手続と，トライアルの2段階が存在する。陪審制が適用される裁判の場合，陪審員が参加するのはトライアルの開始以降であるが，以下，トライアル前の手続と，陪審員が関与する場合のトライアルについて簡単に説明する。

(i)　トライアル前の手続

　トライアル前の手続は，プレトライアルとも呼ばれ，トライアルに先立って，原告と被告双方に事実関係の把握と準備の機会を与える手続である。この段階では裁判所の関与は少なく，主に当事者同士のやり取りによって進められる。実際にはディスカバリー（Q35参照）の手続が中心となる。このトライアル前の手続に相当の期間を要することが多いが，この段階で当事者間において和解が成立することも多く，実際にトライアルに進む事件は全体の割合からするとわずかであるのが実情である。

　なお，陪審審理にかけるまでもなく，当事者間に実質的な争いが証拠上ないと判断された場合は，裁判官がトライアル前の段階でもサマリー・ジャッジメントによって勝訴判決を出すことができる。

(ii) トライアル

トライアルまで進むと，陪審員が選定される。

トライアルでは，法廷において，証人尋問などの証拠取調べや弁論が行われ，陪審員はこれに立ち会う。これは平日の日中に審理が終了するまで連続して行われ，数日程度で終了することが大半である。

陪審員はトライアルの最終段階において，裁判長から評決において決定すべき事項を伝えられ，その事項について評議を行う。

評議の結果，陪審員が評決に至ると，その内容が裁判長に伝えられ，基本的にその内容に基づいた判決が裁判所により出されることとなる。

(4) 陪審裁判における留意点

一般市民から選ばれた陪審員は法の素人であるため，弁護士の話術や説得などの技術的な面で影響を受けやすい。また，企業（特に著名な企業や大手企業）に対して，厳しい目を向けやすい傾向があり，裁判官よりも高額な賠償額を認める傾向があると言われている。実際，マクドナルドのコーヒーで火傷を負った高齢者がマクドナルド社を相手に起こした著名な訴訟においては，陪審員により，マクドナルド社に対し，損害賠償金とは別の懲罰的損害賠償金として270万ドルの支払いを命じる評決が下されている（ただし，裁判官により，判決では64万ドルに引き下げられており，またその後和解が成立している）。このようにアメリカで訴訟に巻き込まれてしまった日本企業は，陪審員による評決で高額な損害賠償債務を負うというリスクも否定できない。

そのため，特に米国企業と取引の多い日本企業においては，以下のような点に留意しておくべきである。

(i) 陪審裁判を回避するための対策

既に述べたとおり，アメリカの裁判においては，陪審裁判を受ける権利が一般に保障されているため，陪審裁判を回避するためには，両当事者において陪審裁判を受ける権利をあらかじめ放棄しておくか，そもそも米国裁判所に訴訟

提起される可能性を排除しておく必要がある。

　そのための方策としては，まず，取引先企業との間で契約を締結する際，契約条項として，陪審員による裁判を放棄する旨の合意を含めておくことが考えられる。また，米国裁判所に訴訟提起される可能性自体を排除するために，裁判管轄条項においてアメリカ以外の国の裁判所を管轄とする，または，そもそも裁判手続自体を回避する方策として，仲裁合意を置いておくという選択肢がある（有効な仲裁合意があれば，紛争解決手段として裁判を選択することはできなくなる。仲裁合意についてはQ37参照）。

(ii)　陪審裁判に巻き込まれた場合

　仮に陪審裁判に巻き込まれた場合には，上記に述べたような日本の民事訴訟とは異なるリスクがあるという点を踏まえて，陪審員に不利な印象を与えないことが肝要である。また訴訟における争い方のみならず，訴訟外での発言や広報にも注意しておく必要がある。そのためには，紛争の端緒が生じた段階で日米双方の弁護士を活用するなどして，訴訟内外における会社としての対応方針を早い段階で決めておくことが重要である。

Q37　訴訟と仲裁の違い

> 　当社は，製品の瑕疵をめぐって海外取引先とトラブルになり，トップ同士の話合いでも解決に至らなかった。取引先との契約書には仲裁条項が定められている。仲裁というのはどのような手続か。訴訟とどう違うのか。

A

　仲裁とは，紛争の当事者が合意した第三者（仲裁人）を選び，紛争の解決をその者の判断に任せるという紛争解決手段である。各国の裁判所における紛争解決手段である訴訟とは，判断権者である仲裁人の中立性・専門性，手続の柔軟性等において相違がある。

　仲裁手続の大きなメリットとして，仲裁判断が多くの国・法域において裁判所の判決よりも強制執行が容易であるという点が挙げられる。

(1)　仲裁とは

　仲裁とは，当事者が，第三者の仲裁人に紛争の解決を委ね，かつ，その判断（仲裁判断）に服することを合意し，その合意に基づき紛争を解決する制度である。

　仲裁の特徴について，訴訟と対比しながら述べると，下記のとおりである。

(i)　国際性

　ある国の裁判所においてなされた訴訟の判決を別の国で執行することは，必ずしも容易ではない場合が多い（外国判決の執行についてはQ41およびQ42参照）。

　一方，仲裁判断の執行については，「外国仲裁判断の承認及び執行に関する条約」（いわゆるニューヨーク条約）において，締約国を仲裁地としてなされた仲裁判断は他の締約国でも承認・執行されるものと定められている。この

ニューヨーク条約は，現在では日本を含め150以上の国・地域が締約国となっており，仲裁判断の執行は訴訟の判決に比べると相対的に執行可能性が高いといえる。

　また，日本では，訴訟において当事者を代理できるのは原則として日本の弁護士資格を有する弁護士だけであるが，日本を仲裁地とする国際仲裁事件については，外国法事務弁護士であっても当事者を代理することができる。さらに，（外国法事務弁護士に該当しない）外国で法律事務を行っている外国弁護士であっても，当該外国で依頼され，または受任した国際仲裁事件の手続については，日本で行われる仲裁手続であっても代理することができる（外国弁護士による法律事務の取扱いに関する特別措置法5条の3・58条の2。なお，外国法事務弁護士と外国弁護士の違いについてはQ15参照）。

(ii)　中立性

　仲裁手続において，当事者の所属する国とは異なる第三国の仲裁人を選ぶこととすれば，当事者の一方の所属する国の裁判所を利用するよりも中立的な判断がなされることが期待できる。

　また，発展途上国の裁判所については裁判官等の汚職や不正の可能性が払しょくできない場合があるが，信頼性の高い仲裁人による仲裁手続を利用することによって，こうした疑義なく紛争を解決できるというメリットもある。

(iii)　迅速性

　仲裁は訴訟と異なり上訴がなく，一審限りである。また当事者の合意により仲裁判断をすべき期間を定めることができるので，一般的には，上訴審の審理期間まで考慮すれば訴訟に比べて最終的な紛争解決までの期間が短い傾向にある。

(iv)　柔軟性

　仲裁は当事者の合意に基づいて行われる紛争解決手続であるから，仲裁人の

数や，仲裁人の選び方，審問の開催場所，言語，文書開示手続の有無・程度などについて，当事者間の合意で柔軟に決めることができる。これに対し，訴訟は手続が各国の法律で決まっており，柔軟性には欠ける面がある。

(v)　専門性

　仲裁では，当事者の合意により紛争を解決する第三者である仲裁人を自由に選ぶことができるので，紛争の内容に応じた専門家による判断が期待できる。これに対し，訴訟では，各国の裁判所のルールに従って担当裁判官が決定されるので，必ずしも判断権者に当該事件に適した十分な専門性が備わっていない場合がある。

(vi)　秘密性

　仲裁手続は通常は非公開であり，仲裁判断も当事者の合意がない限り公表されないことが一般である。これに対し，通常，裁判所における訴訟は公開が原則である。したがって，営業上の秘密やプライバシーを保護したい場合，仲裁のほうが紛争解決手段として適しているといえる（ただし，各国の仲裁法や仲裁機関によって，守秘性の有無・程度は異なることに注意する必要がある）。

(2)　仲裁機関

　一般的なビジネス上の紛争に関する国際商事仲裁は，仲裁機関を利用して行われることが多い（このような仲裁を機関仲裁と呼んでいる）。仲裁機関とは，仲裁手続が準拠する仲裁規則を提供し，また仲裁手続に関する事務サービスを提供する民間団体である。世界的に有名な仲裁機関としては，国際商業会議所（ICC），アメリカ仲裁協会（AAA）の国際仲裁部門である国際紛争解決センター（ICDR），ロンドン国際仲裁裁判所（LCIA）等がある。アジアでは，シンガポール国際仲裁センター（SIAC），香港国際仲裁センター（HKIAC），日本商事仲裁協会（JCAA）等が挙げられる。

　機関仲裁を行う場合には，仲裁機関に定額の申立手数料と請求額に応じた手

続管費用，一定の基準に基づく仲裁人報酬を支払う必要がある。その反面，各仲裁機関が仲裁規則を整備していることから仲裁手続のルールについて当事者間で細かい合意をする必要がなく，仲裁人選任に際して当事者間の合意が形成できない場合でも仲裁機関に適切な人物を選任してもらえるほか，手続の進行についても仲裁機関のサポートが得られるというメリットがある（仲裁機関については，Q38においてICCを例にした解説を行っている）。

なお，仲裁機関を利用せずに，当事者が自ら手続を合意して進める仲裁をアドホック仲裁というが，極めて大規模な仲裁事件等を除き，実施されるケースは多くない。

(3) 仲裁合意

仲裁を行うためには，当事者による仲裁合意が不可欠である。

日本の仲裁法においては，仲裁合意は，「既に生じた民事上の紛争又は将来において生ずる一定の法律関係（契約に基づくものであるかどうかを問わない。）に関する民事上の紛争の全部又は一部の解決を1人又は2人以上の仲裁人にゆだね，かつ，その判断（以下「仲裁判断」という。）に服する旨の合意をいう」と定義されている（2条1項）。

有効な仲裁合意がある場合，当該合意に服するべき紛争は仲裁によって解決され，裁判所に訴訟を提起しても却下されることとなる（14条柱書）。

仲裁合意は，通常，独立した仲裁合意書を作成するのではなく，取引契約の中に仲裁条項を置くことによって行われる。機関仲裁の合意をする場合の代表的な仲裁機関の推奨仲裁条項は，以下のとおりである。

（i） 国際商業会議所（ICC）の推奨仲裁条項

All disputes arising in connection with the present contract shall be finally settled under the Rules of Arbitration of the International Chamber of Commerce by one or more arbitrators appointed in accordance with the said Rules.

本契約から，又は本契約に関連して生じる全ての紛争は，国際商業会議所の仲裁規則に基づき，同規則に従って選定される1名，又は複数の仲裁人により，最終的に解決するものとする。

（ii） シンガポール国際仲裁センター（SIAC）の推奨仲裁条項

Any dispute arising out of or in connection with this contract, including any question regarding its existence, validity or termination, shall be referred to and finally resolved by arbitration administered by the Singapore International Arbitration Centre ("SIAC") in accordance with the Arbitration Rules of the Singapore International Arbitration Centre ("SIAC Rules") for the time being in force, which rules are deemed to be incorporated by reference in this clause.

The seat of the arbitration shall be [Singapore].

The Tribunal shall consist of _____ arbitrator(s).

The language of the arbitration shall be _____.

本契約の存否，効力又は終了に関する問題を含み本契約から，又は関連して発生する紛争は，シンガポール国際仲裁センター（SIAC）により，その時に有効な，かつ本条項で言及され組み入れているとみなされる同センターの仲裁規則（SIAC Rules）に従い，仲裁により解決され，かつ管理されるものとする。

仲裁地は_____とする。

仲裁廷は_____人で構成される。

仲裁の用語は_____とする。

(iii)　日本商事仲裁協会（JCAA）の推奨仲裁条項

All disputes, controversies or differences arising out of or in connection with this contract shall be finally settled by arbitration in accordance with the Commercial Arbitration Rules of The Japan Commercial Arbitration Association. The place of the arbitration shall be [city and country].

　この契約から又はこの契約に関連して生ずることがあるすべての紛争，論争又は意見の相違は，一般社団法人日本商事仲裁協会の 商事仲裁規則に従って仲裁により最終的に解決されるものとする。仲裁地は（国名及び都市名）とする。

(4)　設問の事例における対応

　設問の事例においては，契約書に仲裁合意が定められており，また，交渉で解決に至らなかったことから，仲裁手続を行うことになる。仲裁手続の一般的な流れについては，Q40を参照されたい。

Q38 仲裁機関の役割

仲裁条項において，「International Chamber of Commerce（ICC）」に
よる仲裁で解決すべきことが規定されていた。この「ICC」とは何か。ま
た，ほかの仲裁との差はどのようなところにあるのか。

A

ICCとは，国際貿易と投資を促進すること等を目的とした，民間の国際組織
である。国際取引のための統一ルール作りを推進しているほか，ICC仲裁裁判
所という常設の国際仲裁機関を有する。他の仲裁機関と比較した場合のICC仲
裁の特徴としては，付託事項書（Terms of Reference）と仲裁裁判所による全
ての仲裁判断の審査（Scrutiny）の2つが挙げられる。

(1) ICCとは

ICC（International Chamber of Commerce）（国際商業会議所）は，フラン
スのパリに本部を置く国際通商組織である。日本を含む約130カ国の民間実業
家が参加しており，国際貿易，投資等の問題を検討し，意見を表明する組織で
ある。国連の諮問機関に登録されており，国際機関や各国政府に対して，民間
の立場から積極的な政策提言等を行っている。

また，国際取引慣習に関する共通のルール作りを推進しており，そのような
ルールとして「インコタームズ（貿易取引条件解釈の国際規則）」「信用状統一
規則」「取立統一規則」「銀行間補償統一規則」「仲裁規則」「友誼的紛争解決規
則」「契約保証証券統一規則」「請求払保証に関する統一規則」「UNCTAD/
ICC複合運送書類に関する規則」等がある。特にインコタームズ（国際売買に
おける当事者間の物品の引渡時期，危険移転時期，運賃や保険料の費用負担な
どの取引条件に関するルール（FOB，CFR，CIF等））と信用状統一規則（信
用状の内容や流通について定めたルール）は実務的に極めて重要である。

さらに，ICC仲裁裁判所という常設の国際仲裁機関を有する。

(2) ICCにおける仲裁の概要

ここでは，ICCにおける仲裁手続について概説する。

なお，ICCの仲裁手続を定めるICC仲裁規則については，以下のURLを参照されたい。

https://iccwbo.org/dispute-resolution-services/arbitration/rules-of-arbitration/

(i) 手続の流れ

ICC仲裁を申し立てるためには，当事者間にICC仲裁によって紛争を解決するという仲裁合意があることが必要である。契約書で，契約に関して生じた紛争をICC仲裁によって解決することを定める場合の参考条項は，Q37の解説(3)に掲げたとおりである。

ICC仲裁を申し立てるには，ICCの事務局に仲裁申立書を提出することになる。ICCは，仲裁申立書を受領すると，被申立人に仲裁申立書を送達する。

ICCの仲裁規則によれば，被申立人は，仲裁申立書の受領後，原則として30日以内に答弁書を提出しなければならないが，提出期限の延長の申請も可能である。

仲裁が開始されると，仲裁人を選任する。ICCの仲裁規則によれば，当事者間において合意がない限り，仲裁人の数は原則として1人とされているが，ICCが適当と認める場合には，3人の仲裁人が選ばれる。仲裁人の数を3人とする場合には，申立人と被申立人がそれぞれ1人ずつ仲裁人を選任し，3人目の仲裁人についてはその選任方法について両当事者に別段の合意がない限りICCが選任することになる。

ICC仲裁裁判所事務局は，ICC仲裁裁判所事務局が求めた予納金が支払われていることを条件として，仲裁廷の構成後直ちに，申立書および答弁書等の仲裁に関する記録（一件記録）を仲裁廷に送付する。

　その後，大半の事件では，準備手続（準備会合）が行われ，一件記録に基づく争点の確認，仲裁手続で使用する言語の決定等の手続の決定，書面の提出期限やヒアリング（審問期日）の日程等のスケジュールの決定等を行う。

　準備手続後は，決められたスケジュールに従って手続を進めることになり，一般的には，ヒアリングの前に双方が主張書面や書証を提出する。

　日本の通常の訴訟手続と異なり，証人尋問等を行うためのヒアリングは1日か，連続した数日の間に集中的に開催される。一般的な流れとしては，両当事者の代理人が冒頭陳述を行った後，証人尋問を行う。ヒアリング後に，証人尋問の結果を踏まえた最終的な主張書面の提出機会が与えられることもある。

　これらの手続を経て，仲裁人は，仲裁判断を作成する。仲裁人が3人の場合には，仲裁人の意見が一致しないことがあるが，ICCの仲裁規則によれば，多数決で決めることとされている。3人の仲裁人がそれぞれ異なる意見を有し，多数派の意見が存在しない場合には，仲裁廷の長が単独で判断することになる。

　仲裁判断が下されると，仲裁手続は終了する。

(ii)　ICC仲裁の特徴

　ICC仲裁の特徴としては，まず，付託事項書（Terms of Reference）（ICC仲裁規則23条）が作成される点が挙げられる。

　付託事項書（Terms of Reference）とは，仲裁手続の比較的に早い段階において，仲裁廷に付託されている事項を明確にするために，仲裁廷により作成される書面である（同規則23条1項）。

　付託事項書には，具体的には，以下の事項が含まれる（同規則23条1項）。

---

① 当事者及び仲裁において当事者を代理する者の氏名，名称，住所およびその他の連絡先
② 仲裁手続においてなされる通知および伝達がなされる住所
③ 当事者の各申立ての概要および求める救済の概要（金銭的請求については請求額，その他の請求については可能な範囲で金銭的価値の見積りも付す）
④ 仲裁廷が不適切と思料しなければ，判断すべき争点の明示

⑤　仲裁人の氏名，住所およびその他の連絡先
⑥　仲裁地
⑦　適用すべき手続規則の詳細，および仲裁廷に友誼的仲裁人として行動する権限または衡平と善に基づき決定する権限が付与されている場合にはその権限

　付託事項書（Terms of Reference）は，当事者が仲裁申立書および答弁書をICC仲裁裁判所事務局に提出し，それらの記録が仲裁廷に送付されてから30日以内に作成される。

　付託事項書（Terms of Reference）を作成することによる利点または機能は以下のとおりである。

①　当事者の請求，求める救済方法および決定すべき問題が要約されること
②　仲裁当事者・仲裁代理人・仲裁廷・適用される法・仲裁地・仲裁の開催場所・仲裁の言語などの重要な点を記録できること
③　付託事項書（Terms of Reference）の作成を通じて争点が明らかになることで，和解解決が促進されること

　また，ICC仲裁の特徴としては，もう1点，ICC仲裁裁判所によるすべての仲裁判断の審査（Scrutiny）（ICC仲裁規則34条）も挙げられる。ICC仲裁規則34条によれば，仲裁廷が仲裁判断のドラフトを作成し，ICC仲裁裁判所がそれをもとに仲裁判断の審査（Scrutiny）を実施する。

　ICC仲裁裁判所は，すべての仲裁判断についてその形式に関する修正を行い，また，仲裁判断における実体判断に関して何らかの懸念・問題点があれば，仲裁人の注意を喚起する役割も担っている。このプロセスが，ICC仲裁の仲裁判断としてのクオリティを確保し，各国における執行に際して取消事由等が認められる等の問題を生じにくくするために役立っているとされる。

Q39　ADR手続

日本では，取引先とトラブルになった際に裁判所の調停で解決することがある。海外の取引先といきなり裁判で争うのではなく，もう少しソフトな解決方法はないのか。

A

　調停も国際商事紛争の解決手段として有力な手段である。また，調停と仲裁を組み合わせたハイブリッドな解決法も利用されている。

⑴　調停とは

　調停とは，第三者である調停人の助力を得つつ，当事者同士の合意によって紛争の解決を図ることを目的とするもので，裁判外紛争解決手続（ADR）の一つである。

　日本で一般に言われる調停は，民事調停法に根拠があり，裁判所に申立てを行い，裁判官1名と調停委員2名以上とで構成される調停委員会のあっせんの下，当事者の互譲により実情に即した解決を目指す手続である。民事調停法によらず，裁判所を関与させない調停も行われることがある。

　調停手続は，任意の交渉と訴訟・仲裁手続との中間的な紛争解決手段であり，国内の紛争だけでなく，国際商事紛争を解決する際にも利用されている。

⑵　調停のメリット・デメリット

　訴訟や仲裁と対比した場合の調停のメリットは，当事者による申立事項に拘束されることなく多様な解決策が見出せること，当事者間の協調的関係の継続や構築が図れる場合があること，手続にかかる期間が相対的に短いこと，これにより弁護士費用を節約できる可能性があること等が挙げられる。また，秘密性を原則とする。こうしたことから，一般的には，取引関係の継続が予定され

ている事案や，紛争の経済規模と仲裁・訴訟のコストが釣り合わない事案に調停は親しみやすいと考えられる。

　他方，調停のデメリットとして，調停手続により当事者が合意した調停条項が作成されても，一部の国（シンガポール，香港等）を除いて国際的な執行力が認められていないことが指摘されてきた。もっとも，2020年に発効する予定のシンガポール国際商事調停条約では，調停の結果得られた合意に締約国における執行力を付与することとなっている。これは仲裁判断に執行力を付与するニューヨーク条約の調停版というべきものであり，既に，シンガポールはもちろん，中国，インド，アメリカ等が締約しているが，現時点では日本やEU諸国は締約国となっていない。

(3) 調停手続の概要

　海外の取引先との紛争が生じた場合に，日本の民事調停法に基づく裁判所における調停を行うこともちろん可能であるが，取引先が日本の裁判所で調停を行うことに同意することは実際には多くないと思われる（また，英語のできる調停委員が選任されるとも限らない上，期日の開催間隔が数週間空くことが通常であり，効率性に欠ける面があることも否定できない）。

　そこで，以下では，アジア圏における国際的な取引紛争において近時利用されることが増加しているシンガポール国際調停センター（SIMC）の調停手続を例に取り，民事調停法に基づく調停とも対比しつつ，調停手続の概要を説明する。

(i) 調停手続の開始

　SIMCの調停手続を開始する当事者は，SIMC調停規則に定められた調停申立書および申立手数料を提出する。また，申立書の写しは，調停手続の他の全ての当事者に送付する。

　この点は，民事調停法に基づく裁判所における調停も同様である。

(ii) 調停合意

　紛争をSIMCの調停に付する旨の当事者間の合意がある場合は，その合意を示す証拠を申立書に添付する。このような合意がない場合は，SIMCが調停の提案について遅滞なく当事者に連絡をとり，当事者がその提案を検討するための補助を行う。当事者が調停合意に達した場合に，調停手続は開始する。

　これに対し，裁判所における調停においては，調停の合意が事前になされていないことがむしろ多数であり，調停合意の存在について事前の証拠提出が求められることはない。相手方が調停を行うことに同意せず，裁判所に出頭しない場合，通常，調停は不成立となる。

(iii) 調停人の選任

　SIMCの調停手続においては，当事者は調停手続を実施する調停人を共同で指名し，SIMCによる確認を求めることができる（共同での調停人の指名は，SIMCの調停人パネル以外からも行うことができる）。しかし，当事者が，調停手続の開始日（SIMCで調停合意がある場合は，SIMCが申立書の被申立人による受領を確認した日を，調停合意がない場合は，調停合意に達した旨の通知をSIMCが当事者に送付した日を，それぞれ指す）から10日以内に調停人について合意することができない場合，SIMCは，SIMCの調停人パネルから調停人を選任する（当該パネルに適切な調停人がいない場合には，SIMCは提携機関のパネルから調停人を選任することができる）。

　これに対し，裁判所における調停では，紛争解決のあっせんを行う調停委員会（裁判官1名，調停委員2名）の構成員は裁判所によって割り当てられるため，選任に関与する機会が当事者に与えられていない。

(iv) 料金と費用

　SIMCは，調停手続の開始後，調停規則に定める事務管理手数料および調停人の報酬等に充当するため，1回または複数回の調停予納金の支払いを全当事者に対して求める。

これに対し，裁判所における調停では，申立て時に手数料と郵便切手を納めれば原則として足りる。また，調停委員の報酬という名目の費用が請求されることもない。

(v) 調停の実施

SIMCの調停手続においては，調停で用いられるべき言語を当事者の合意により決定することができる（当事者間の合意がない場合には，SIMCは，調停人との協議により，調停の言語を決定する）。当事者は，予定された調停期日の一定期間前に主張書面や証拠書類をSIMCに提出し，当事者間で交換する。そして，調停期日は通常 1 日から数日間，集中的に行われる。

以上に対し，裁判所における調停は，日本語で行われる。調停期日の一定期間前に準備書面を提出する必要がある点は同じであるが，調停期日は通常，1カ月前後の期間ごとに複数回開催される。

(vi) 調停手続の終了

SIMCにおける調停手続は，当事者が書面による和解合意に署名した場合，または，いずれかの当事者が取下げを書面で通知した場合，もしくは調停人が調停手続を終了すべきと書面で通知した場合等でSIMCが調停手続の終了を確認する書面を提出したときに終了する。なお，和解合意に達した場合には，調停人は合意についてSIMCに直ちに通知し，SIMCにその合意の写しを提供する。和解合意は，調停規則に定める書式で行う。

裁判所における調停手続も，調停手続が和解合意の成立，当事者の取下げ，調停人が調停成立の見込みがないと判断したときに終了する点については同様である。

(4) 調停と仲裁のハイブリッドな解決法

近年，調停と仲裁を組み合わせた段階的紛争解決手続が積極的に提唱されるようになっている。そして，このような手続を事前に合意しておくための段階

的紛争解決条項（Multi-Tiered Dispute Resolution Clauses）が契約書に規定されていることもある。

(i) 段階的紛争解決手続の例

　段階的紛争解決手続の例として，ミーダブ（Med-Arb：Mediation and Arbitration）が挙げられる。ミーダブは，まず，紛争を調停に付託して，調停によって和解合意が成立しない場合に，仲裁を開始するという手段である。

　また，別の例として，アーブ・メッド・アーブ（Arb-Med-Arb：Arbitration, Mediation and Arbitration）という手段もある。アーブ・メッド・アーブでは，仲裁の申立てを行った後，紛争を調停機関に移送して，調停を試みる。調停により和解合意が成立すれば，和解合意の内容に沿った仲裁判断を行い，和解合意が成立しなかった場合には，仲裁手続に戻り，仲裁審理手続を経て，法的拘束力のある仲裁判断を下す仕組みである。アーブ・メッド・アーブについては，シンガポールではSIACとSIMCが協力して実施しており，両機関によって以下のようなアーブ・メッド・アーブのモデル条項が作成されている。

Any dispute arising out of or in connection with this contract, including any question regarding its existence, validity or termination, shall be referred to and finally resolved by arbitration administered by the Singapore International Arbitration Centre ("SIAC") in accordance with the Arbitration Rules of the Singapore International Arbitration Centre ("SIAC Rules") for the time being in force, which rules are deemed to be incorporated by reference in this clause.

The seat of the arbitration shall be [Singapore].
The Tribunal shall consist of _____ arbitrator(s).
The language of the arbitration shall be _____.

The parties further agree that following the commencement of arbitration, they will attempt in good faith to resolve the Dispute through mediation at the Singapore International Mediation Centre ("SIMC"), in accordance with the SIAC-SIMC Arb-Med-Arb Protocol for the time being in force. Any settlement reached in the course of the mediation shall be referred to the arbitral tribunal appointed by SIAC and may be made a consent award on agreed terms.

　本契約の存否，効力または終了に関する問題を含み本契約から，または関連して発生する紛争は，シンガポール国際仲裁センター（SIAC）により，その時に有効な，かつ本条項で言及され組み入れているとみなされる同センターの仲裁規則（SIAC Rules）に従い，仲裁により解決され，かつ管理されるものとする。

　　仲裁地は＿＿＿＿＿＿＿＿＿＿とする。
　　仲裁廷は＿＿＿＿＿＿＿＿＿＿人で構成される。
　　仲裁の用語は＿＿＿＿＿＿＿＿とする。

　当事者は，さらに，仲裁開始の直後に，その時に有効なSIAC/SIMCアーブ・メッド・アーブ・プロトコールに従い，シンガポール国際調停センター（SIMC）において，調停により紛争を解決することを誠実に試みる。調停により成立した和解はSIACにより任命された仲裁廷に付託され，合意された条件で和解内容を仲裁判断（consent award）にすることができる。

(ii) 段階的紛争解決手続のメリット

　調停の長所は，当事者の協調的解決や取引関係の継続を見込める点や，短期間で結果が出やすい点であるが，紛争を強制的に解決させるものではないし，

調停条項では国際的な強制執行が難しいことが多い。一方，仲裁は，紛争が先鋭化し，手続に費用と時間を要する反面，仲裁人の判断によって紛争を終局的に解決できる点のほか，ニューヨーク条約により強制執行が容易である点が挙げられる。ミーダブやアーブ・メッド・アーブは，上記のような調停と仲裁の両手続のメリットを組み合わせた仕組みといえる。

なお，段階的紛争解決手続とは少し異なるが，仲裁申立て後，調停や当事者間の和解交渉において紛争の解決が見込まれる場合でも，調停手続のまま和解合意を成立させてしまうと国際的な執行力の点で問題が生じることから，あえて仲裁手続に切り替えたうえで和解に基づく仲裁判断（「和解仲裁判断」と呼ばれることもある）の形式をとり，ニューヨーク条約に基づく執行力を付与することもある。

(ⅲ)　段階的紛争解決手続のデメリット

他方，ミーダブやアーブ・メッド・アーブのような段階的紛争解決手続を契約締結時点から合意しておくことにはデメリットもある。

たとえば，はじめから調停による合意の可能性がない紛争が発生した場合，仲裁前の調停を行っても時間と費用の無駄である。また，調停を行う間は仲裁の開始が延期され，仲裁手続における保全措置をとることができない。したがって，緊急性が高く，仲裁手続における保全措置をとる必要性が高い紛争が生じる可能性が見込まれる場合，段階的紛争解決を契約書に規定することには慎重になるべきである。

また，調停人と仲裁人を同一人が兼務する場合，調停手続の影響を仲裁手続が受ける可能性がある。このことから，当事者が調停人に正直な気持ちや希望を伝えづらくなり，調停による解決が困難になる可能性がある。したがって，段階的紛争解決を契約書に規定する場合，このような問題が発生しないよう，適切なルール・仲裁機関等を規定しておく必要がある。

Q40 仲裁手続の流れ

　取引先との契約書に仲裁合意があり，トラブルが発生した際には仲裁手続で解決しなければならないと定められているが，具体的に，仲裁手続がどのように進行するのか説明してほしい。裁判のように途中で和解することもできるのか。

A

　常設の仲裁機関を利用するか否かや，利用するとしてどの仲裁機関を利用するか等により具体的手続は異なるが，仲裁機関を利用した場合の手続の進行例は以下のとおりである。

　裁判と同様に手続の途中で和解することも可能であるが，日本の裁判所において裁判官が和解を試みるケースが多いこととは対照的に，仲裁廷は和解を促進する活動は行わないことが一般的である。

(1)　仲裁とは

　仲裁とは，当事者同士が，その当事者間の紛争について，私人である第三者（仲裁人）の判断に服することを合意し，その合意に基づいて紛争を解決する制度である。

　当事者間で仲裁合意が有効に成立していると，紛争解決手段として裁判をすることはできず，専ら仲裁によって解決することになる。

　裁判と異なり，仲裁は私的な紛争解決手段であるため，基本的に，当事者が合意によって自由に手続を決定することができる。国際仲裁の場合，手続の最も基本的な事項は，仲裁地（seat of arbitration）の選択である。仲裁地は，どの国の仲裁法が適用されるかという問題であり，実際にどの国で準備会合や審問等の手続が実施されるか（venue of arbitration）という問題とは異なる。したがって，ある国が仲裁地として選択されていたとしても，その国に足を運

ばなければならないとは限らない。しかし，実務的には，当事者間に別段の合意が成立したような場合でない限り，仲裁地において審問が開催されることが多いと思われる。そのほか，常設の仲裁機関を利用して仲裁手続を行うか（利用する場合にはどの仲裁機関を利用するか），仲裁人をどのように選ぶか，何らかの証拠開示手続を行うかなどについても，当事者は合意により自由に定めることができる。

　以下，紛争の相手方が外国の法人である国際仲裁を念頭に置いて，手続の概要を説明する。なお，仲裁の特徴や訴訟との相違点についてはQ37を参照されたい。

⑵　仲裁合意の内容の確認

　仲裁の手続は，基本的に当事者が仲裁合意によって定めた内容に従って行われる必要があるため（仲裁地のほか，仲裁機関，言語，仲裁人の数等について定められているケースも多い），まずは契約書における仲裁合意の内容を確認し，解釈上の疑義があれば弁護士等に相談しておく必要がある。

　また，仮に仲裁合意において，仲裁を開始するための条件が定められている場合（たとえば，当事者間で一定期間交渉を行うことが仲裁手続開始の条件とされている場合など）には，まずこのような条件が既に充足されているかを判断しなければならない。

⑶　仲裁手続申立ての準備

　国際仲裁手続を申し立てようとする場合，実務的には，まず代理人となる弁護士を選ぶ必要がある。国際仲裁を扱う日本の法律事務所・弁護士の数は多くはないため，この分野を取り扱っている外国の法律事務所・弁護士に依頼するか，日本の法律事務所・弁護士に依頼する場合でも国際仲裁に関して十分な知識と経験を有する者に依頼することが重要である。代理人を選定する際の基準としては，仲裁地，仲裁手続の実施地，仲裁手続に用いられる言語，実体準拠法等の諸要素が考えられる。

また，裁判手続では当事者が裁判官を指名することはできないのに対し，国際仲裁では当事者が仲裁人を選任することができる。当事者が仲裁人を選任する場合，当事者は，代理人弁護士と相談して，事件の内容はもとより，手続に使用される言語や準拠法をも考慮しつつ，仲裁人候補者を探し出しておく必要がある。実務的には，経験豊富な弁護士や元裁判官，法律学者等を仲裁人として選任することが多い。

なお，当事者が選定する仲裁人であってもその中立性（利益相反の不存在）は厳格に判断されるため，仲裁人候補者に打診をしても受任してもらえないケースも多い（たとえば，仲裁人候補者が弁護士であり，過去に自社や相手方当事者から事件を受任していたような場合，受任が制限されることがある）。したがって，仲裁人を選定する際には，複数名の候補者をピックアップしたうえで，こうした問題がないかどうかをチェックして最終決定するのが通常である。仲裁人としても，自らに公正性と独立性を疑わせるような事由が存在する場合には当事者にこれを開示する義務を負っている。仲裁人がこのような開示義務を負う事由であるか否かを判断するための指針として国際法曹協会（IBA）がガイドラインを発表しており，利益相反の有無の判断にあたっても一般的にこのガイドラインが参照されている。

⑷　仲裁の開始以後の手続

仲裁には，仲裁機関を利用するもの（機関仲裁）と，仲裁機関を利用しないもの（アドホック仲裁）がある。機関仲裁の場合，手続は各仲裁機関の規則に基づいて進行するため，仲裁機関によって若干の違いがある。

【図表3−1】は，仲裁合意において，仲裁機関として日本商事仲裁協会（JCAA）が選択されていた場合の機関仲裁の手続について，おおよその流れを示したものである。

【図表3－1】JCAAにおける仲裁手続の例

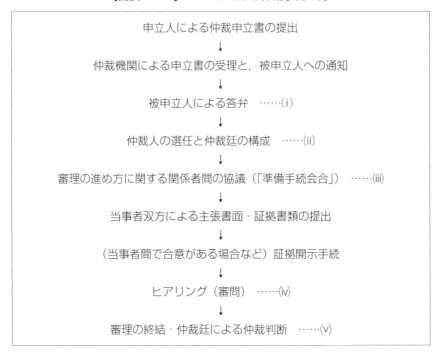

(i) **被申立人の答弁**

　仲裁申立書を受領した被申立人は，決められた期間内に，答弁の趣旨や理由を記載した答弁書を提出する。なお，被申立人は，決められた期間内に，申立人に対し，申立ての理由にある契約から生じる反対請求を申し立てることもできる。

(ii) **仲裁人の選任と仲裁廷の構成**

　仲裁が開始されると，仲裁人の選任を行うことになる。

　当事者は，仲裁人の数について，あらかじめ1人または複数人とする合意をすることができる。合意がない場合は，各仲裁機関の仲裁規則に従った人数となる（JCAAでは原則1人）。

　仲裁人が1人の場合，当事者は一定期間内に合意によって仲裁人を選任することになる。当事者が期限内に選任しない場合には，仲裁機関が仲裁人を選任する。仲裁人が3人の場合，各当事者が1人ずつ仲裁人を選任し，選任された2人の仲裁人が残りの1人の仲裁人を選任する。この2人の仲裁人が期限内に残り1人の仲裁人を選任できない場合には，仲裁機関が選任する。

　なお，当事者は，仲裁人の公正性や独立性を疑うに足りる相当な理由がある場合，その仲裁人について忌避（事件の職務執行から排除すること）をすることができる。

(iii)　準備手続会合

　提出された仲裁申立書や答弁書，書証を踏まえて，争点を整理するとともに，手続的な問題，たとえば，仲裁手続で使う言語の選択や，通訳人や書面の翻訳の要否などを決定する。また，書面の提出期限やヒアリングの日程等のスケジュールも決定する。準備手続会合後は，双方から，当事者の主張を記載した主張書面や，主張を根拠づける書証をそれぞれ2回程度提出するのが一般的であるが，複雑な事件ではそれ以上の回数にわたって書面が提出されることも多い。

(iv)　ヒアリング（審問）

　書面のやり取りが終わった後，当事者や代理人，証人が出席し，口頭での弁論と証人尋問を仲裁人の前で行う。

(v)　審理の終結・仲裁廷による仲裁判断

　審理が終結すると仲裁人により，仲裁判断が作成される。仲裁には上訴制度がなく，取消事由（Q43参照）等が認められるような例外的な場合でない限り，1回限りの仲裁判断が終局的な判断となる。

(5) 所要期間

　国際仲裁手続の平均所要期間は，JCAAの場合で概ね１年〜１年半程度とされる。もっとも近年では，JCAAを含め，係争額の小さい紛争を対象として，書面審理を中心に短期間（３〜６カ月程度）で手続を終了させる「簡易仲裁」と呼ばれる仲裁を導入する仲裁機関が増えている。これが適用される事件や簡易仲裁手続の具体的な内容は仲裁機関によって異なるものの，概要，JCAA（日本商事仲裁協会）では請求金額が2,000万円以下の事件が，SIAC（シンガポール国際仲裁センター）では請求金額が500万シンガポールドル以下であって当事者の合意がある事件または特に緊急性が高い事件が，ICC（国際商業会議所）では2017年３月１日以降に仲裁合意が締結された請求金額が200万米ドル以下の事件または当事者間で簡易手続を利用する合意がある事件が，原則的にそれぞれ簡易仲裁の適用となる。

(6) 仲裁における和解

　日本の裁判所における訴訟では，裁判官が積極的に和解成立のための助力を行うことが極めて一般的である。仲裁手続においても，手続開始後に当事者間で和解交渉が行われることは当然にありうるが，仲裁人が和解の成立に向けて積極的な関与を行うことは例外的である。したがって，国際仲裁手続の進行中に和解による紛争解決を望む場合には，当事者間で自主的な交渉を行うか，仲裁手続とは別に国際調停手続を実施することが一般的である。もっとも，当事者の合意がある場合には仲裁人が和解交渉に関与することもあるし，いわゆるアーブ・メッド・アーブ（Arb-Med-Arb）といった仲裁と調停を融合させた手続が行われることもある（Q39参照）。

　仲裁の開始後に当事者間で和解が成立すると和解契約書が作成され，その後，申立人が申立てを取り下げることにより仲裁手続は終了する。

　ただし，和解契約書には執行力がないため，これのみでは，相手方が和解内容を任意に履行しない場合にその内容を執行することができないという問題がある。そこで，当事者は，仲裁廷に対して，和解内容と同じ内容の仲裁判断を

出すよう要請できるとされている。和解内容を仲裁判断の形式にすることで，和解内容に執行力をもたせる趣旨である。

　なお，仲裁判断によって支払いが命じられたにもかかわらず相手方がこの支払いに応じないような場合に，仲裁判断の執行（Q43参照）に要する時間・費用などを避けるため，支払額を減額したうえで一括払いとする旨を合意するなど，仲裁判断が出た後であっても，当事者間で和解が行われるケースもある。

Q41 日本の裁判所による判決の外国における執行

国外の取引先に対して，日本の裁判所で訴訟を提起しようと思っている。仮に勝訴判決を得たにもかかわらず取引先が任意に判決内容を履行しない場合，この勝訴判決の内容を実現するにはどのような手続が必要なのか。

A

勝訴判決の内容を実現するには，敗訴当事者の財産が所在する国において執行の手続を踏む必要がある。

日本と同様，諸外国においてもほとんどの国で一定の要件の下で外国判決の執行が認められるが，その要件や難易度は国によって異なる。外国判決の執行が容易でない国に財産を保有する相手方に対しては，日本の裁判所で判決を得てもこれを執行できず無意味となる可能性がある点には注意が必要である。

⑴ 日本の裁判所による判決の外国における承認・執行

裁判をして勝訴判決を得たとしても，敗訴した相手方が判決で言い渡されたとおりに金銭を支払わないなど，判決で示された義務を任意に履行しないときは，勝訴した当事者が「強制執行」と呼ばれる手続をとらなければ勝訴判決の内容は実現されない。強制執行とは，敗訴当事者の財産を差し押さえるなどの方法により，判決の内容を強制的に実現する手続である。

判決で示された義務を強制執行によって実現できる効力を「執行力」という。ある国の裁判所の判決は本来，当該国でのみ執行力を有し，判決国以外の国で当然に執行力が認められるものではない。そのため，日本の裁判所の勝訴判決があるからといって，必ずしも日本国内での強制執行と同様に外国での強制執行ができるわけではない。

もっとも，現在では多数の国において，自国の法や条約上の要件を満たすものであれば，外国判決にも執行力が認めている。外国判決に執行力を認める要

件は国際的に統一されておらず，国ごとに異なるため，判決の強制執行を求める国（基本的には相手方の財産が所在する国とであろう）において必要とされる要件を，各国の法律事務所・弁護士を通じるなどして，個別に確認する必要がある。

　なお，外国判決の内容が当事者に金銭の支払いなど一定の行為を命じるものではなく，判決自体によって法律効果を生じさせるものである場合（例：離婚判決など），執行の手続は不要であり，その判決が効力を有してさえいればよい。このように外国判決に効力が認められることを「承認」といい，執行のための要件を満たせば承認も認められる（特段の手段は不要で自動的に承認される）のが通常である。

　以下では，一例としてアメリカにおける外国判決の承認・執行について説明するとともに，外国判決の承認・執行が容易でない国をいくつか紹介する。

(2)　アメリカにおける日本の判決の承認・執行

　アメリカにおいては，外国判決の承認・執行の制度は州ごとに定められている。したがって，執行を求めるべき裁判所（執行裁判所）がいずれの州裁判所になるのかを確認したうえで，個別に適用される州法上の要件を検討することが必要である。

　もっとも，金銭の給付を内容とする判決については「統一外国金銭承認法（Uniform Foreign Money-Judgments Recognition Act）」という統一法が存在し，現在ではほとんどの州においてこれが採択されている。一般に外国判決の承認・執行の要件としては，「相互の保証」（A国（外国）が，自国が外国判決を承認・執行する条件と同様の条件で自国の判決を承認・執行する場合に限り，A国の判決を自国においても承認・執行するというもの）の要件が定められていることが多いが，この統一法においては相互の保証要件が置かれていない。そのため，一般に，アメリカにおける外国判決の承認・執行の基準は比較的緩やかであるといえる。

　ただし，この統一法をモデル法として採択している州の中でも，法典化する

にあたって，独自に要件を追加し，基準を厳格化している州も存在する。その
ような州は上記の統一法を採択してはいるものの，相互の保証要件を追加し，
しかも判決国とアメリカとの間で相互承認を取り決めた条約がある場合のみ同
要件を満たすとしている。日本とアメリカとの間に相互承認を取り決めた条約
は存在しないため，同州においては日本判決が承認・執行されない点に留意が
必要である。

(3)　外国判決の執行が容易でない国

　外国判決を執行するハードルが高いと思われる国をいくつか紹介する。これ
らの国に属する企業を相手方として日本の裁判所に訴訟を提起しようとする場
合には，日本の裁判所で判決を得る意義について特に検討しておく必要がある
（日本の判決が執行される可能性がない，または低い場合には，本来，紛争解
決手段として仲裁を利用できるよう，あらかじめ契約に仲裁合意を入れておく
べきである（Q37参照））。

(i)　ヨーロッパ諸国

　ヨーロッパの主要国間では，ブラッセル・ルガノ・ルールと呼ばれる承認・
執行についての統一的なルールが存在し，判決国・執行国がともにメンバー国
である場合には統一的な解決が図られている。他方で，日本を含め，非メン
バー国の判決の承認・執行には閉鎖的であることが少なくない。たとえば次の
とおりである。
　ベルギーとルクセンブルグでは，外国判決の承認にあたって「本案再審査
（revision au fond）」がなされる。日本における外国判決の承認・執行の裁判
においては，基本的に形式的な要件のみをチェックし，その内容について再審
査をすることがない（Q42参照）のに対して，これらの国では，内容の妥当性
について再度審査がなされる。また，イタリアでは，判決の承認に「執行認可
状（exequatur）」が要求されている。この執行認可状の裁判においても，上
記と同様，実質的に本案再審査がなされる。すなわち，これらの国では，既に

勝訴判決を得ている当事者も，実質的に，再度外国裁判所において勝訴判決を得なければその国において判決を執行することができない。

　また，オランダとスカンジナビア諸国では，外国判決の承認・執行には相手国との間の条約を要するとされている。そのため，これらの国との間で条約が存在しない日本の判決が承認・執行されることは今のところはない。

　このように，ヨーロッパで日本判決の承認・執行を求める場合，いくつかの国ではハードルが高く，または不可能であるため，留意が必要である。

(ii)　インドネシア

　インドネシアでは，外国判決の執行は一切認められていない。そのため，インドネシアの企業など，インドネシアに財産を有する相手方に対して日本の裁判所に訴訟を提起し，勝訴判決を得たとしても，相手方が判決後に任意に履行しない限り，判決は無意味である。

(iii)　中国

　中国においては，1994年に最高人民法院により，日本の裁判所の判決の執行を許可しない旨の通達があり，実務上，日本の裁判所の判決が執行されないことが確定している。したがって，中国企業を相手方とする紛争は，中国の人民法院で訴訟を提起するか，仲裁によって解決しなければなければ実効性がない。なお，相互の保証の要件を欠くことから，中国の判決もまた，日本においては執行されない（Q42参照）。

Q42 外国裁判所による判決の日本での執行

外国の裁判所で敗訴し，当社に金銭の支払いを命じる判決が言い渡され
てしまった場合，任意に支払わないと，この判決に基づいて日本にある当
社の財産が差し押さえられてしまうのか。日本の裁判所でもう一度争うこ
とや，外国判決の内容が正しいかを日本の裁判所に審理してもらうことは
できるのか。

A

外国裁判所による判決も，民事訴訟法118条の要件を満たすものは，日本に
おいて効力を有し，勝訴した当事者の申立てにより，日本での強制執行が可能
である。基本的には外国裁判における手続面で重大な違反がなければ強制執行
が認められる。そのため，判決の内容自体に不服があったとしても，これを日
本の裁判所で再度審理してもらうことは基本的にできない。

(1) 外国裁判所の判決の日本における執行一般

外国裁判所において日本企業と外国企業の間で訴訟が行われ，日本企業が敗
訴し，日本企業に外国企業に対して金銭の支払いを命じる判決が言い渡された
とする。

敗訴当事者が判決で示された義務を任意に履行しない場合，勝訴した当事者
は「強制執行」と呼ばれる手続によって勝訴判決の内容を実現することができ
る。強制執行によって判決で示された義務を実現できる効力を「執行力」とい
う。外国裁判所の判決は，それが言い渡された国の領域内で執行力を有するの
が原則であり，日本において外国判決に基づく強制執行を当然に行えるわけで
はない。

日本において外国判決に基づく強制執行を行うには，勝訴した当事者が日本
の裁判所で「執行判決を求める訴え（執行判決請求訴訟）」を提起して，「執行

判決」を得ることがまず必要である。この訴えを受けた裁判所は，判決自体の正当性・妥当性を再審理することはなく，専ら判決が民事訴訟法118条所定の要件を満たしているか否かを判断し，これが認められる場合には執行判決を言い渡す。

　なお，外国判決の内容が当事者に金銭の支払いなど一定の行為を命じるものではなく，判決自体によって法律効果を生じさせるものである場合（例：離婚判決など），執行の手続は不要であり，その判決に効力が認められさえすれば，判決内容は実現される（このように外国判決に効力が認められることを「承認」という）。外国判決は，民事訴訟法118条所定の要件をすべて具備する場合には，特別の手続を要することなく，判決が確定した時点で自動的に承認される。

⑵　執行判決を得るための要件

　執行判決を得るために外国判決が満たしていなければならないのは，以下の５つの要件である（民事訴訟法118条）。

⒤　外国裁判所の確定判決であること

　「外国」とは，一定の国民と領土を実効的に支配しているものであれば足り，台湾も「外国」と扱ってよいと解されている。「裁判所」とは，国家の司法機能を果たす機関であって，当事者間の争いに公権的な判断を下す役割を担っているものである（仲裁廷は含まない）。

　「確定」とは，上訴の機会がなくなっていることをいう。ただし，再審のような例外的な手続の可能性が残っていることは，確定性を損うものではない。また，「判決」には決定や命令も含まれるが，財産を仮に差し押さえる等の目的でなされる一時的・暫定的な保全措置を定める決定や命令は「確定判決」には該当しないと解されている。

(ii) 法令または条約により外国裁判所の裁判権が認められること

　判決国が判決をした事件について国際裁判管轄を有する（有していた）と認められることを求める要件である（国際裁判管轄についてはQ13を参照）。

(iii) 敗訴の被告が訴訟の開始に必要な呼出しもしくは命令の送達を受けたことまたはこれを受けなかったが応訴したこと

　敗訴当事者が訴状の送達など訴訟の開始に必要な通知を受け，訴訟手続に関与する機会が十分に与えられたことを求める要件である。

　なお，判決国と日本との間でハーグ条約等の司法共助に関する条約が締結されている場合，本要件を満たすには，当該条約に定められた方法に従った送達手続が行われる必要があると考えられている。たとえば，日本における訴状の送達と異なり，裁判の開始時に呼出状を相手方に直接交付する方式を採用する国も少なくないが，ハーグ条約を締結している国からこのような書面が直接，郵便により日本在住の者に送付されてきたとしても，これは条約上の送達手続ではないため，このように開始された裁判の判決は本要件を満たさない。また，公示送達も，この要件における送達にはあたらないこととされている。ただし，この場合であっても，実際に被告が訴訟に応じていれば，結果的に応訴の機会が与えられたことになるため，本要件を満たす。

(iv) 日本における公の秩序または善良の風俗に反しないこと

　外国判決の内容および訴訟手続が，日本の公序良俗に反しないことを求める要件である。外国判決について，その内容と手続の両面において日本の法秩序の基本原則・基本理念と相容れないものではない，といえることが必要である。

　判決の内容に関していえば，たとえば，いわゆる懲罰的損害賠償（実際に生じた損害の塡補としてではなく，制裁としての損害賠償）の支払いを命ずる米国裁判所の判決は，日本の不法行為に基づく損害賠償制度の基本原則とは相容れないものと考えられている。そのため，仮にこのような判決が外国の裁判所から言い渡されたとしても，これが日本で執行されるリスクはないと考えてよ

い（ただ，当然ながら，アメリカの領域内に資産を有していれば執行の対象となりうる）。また，外国判決と矛盾抵触する日本の裁判所による判決が存在する場合にも，本要件は認められない。

　訴訟手続に関しては，詐欺的手段によって得られた判決や，被告の防御権が保障されなかった判決については，公序良俗に反し，本要件を満たさないと考えられている。被告の防御権が保障されなかったケースとは，たとえば，判決が送達されなかったために，一方当事者がその内容を了知する機会が実質的に与えられず，不服申立ての機会がないまま判決が確定してしまったような場合がこれに当たる（単に判決の送達がなかったというだけでは訴訟手続が公序良俗に反するとは考えられていない）。

(v) 「相互の保証」があること

　相互の保証とは，相手国において，日本の民事訴訟法118条所定の各要件（本設問で解説している5要件）と「重要な点」で異ならない条件で，日本の同種の判決の効力を認めていることとされている。

　日本との間で相互の保証が確立していない国として，中国，ベトナム，インド，ベルギーが挙げられる。また，インドネシアは，外国裁判所の確定判決の承認・執行を一切認めていないため，相互の保証は存在しない。そのため，インドネシアの判決が日本で承認・執行されるおそれはない。

　他方，これまで日本との相互保証があると判断されたことのある国は，香港，台湾，シンガポール，スイス・チューリッヒ州，ドイツなどである。また，米国裁判所による判決の承認・執行は，州ごとに個別の法制度により定められているため，相互の保証の有無についても州ごとに個別に検討する必要があるが，これまで，ニューヨーク州，カリフォルニア州，コロンビア特別区，ネバダ州，ハワイ州など多くの州裁判所が下した判決について，相互保証があることを前提として日本における執行が認められている。

(3) 外国判決の敗訴当事者が日本において争う方法

　外国判決であっても，上記の5つの要件を満たすものは，日本において国内判決と同様の効力を有するものとして扱われるうえ，上記のとおり，日本の裁判所で執行判決を求める訴訟の手続では，外国判決の内容に関する実質的な審理はなされない。そのため，外国判決の敗訴当事者は，日本の裁判で敗訴が確定した者と同様，たとえその内容に不服があったとしても，同じ紛争について，日本の裁判所で異なる判決を求めて再度審理してもらうことは基本的にできない。

　他方，「外国判決に基づく強制執行が許されない」と争うことは要件を満たしさえすれば可能である。争い方としては，①勝訴当事者による執行判決を求める訴えの手続の中で，外国判決が5要件のいずれかを満たしていないことを理由として争うほか，②判決（厳密には，判決の基準となった時）後に生じた事由（たとえば判決後の相殺により，勝訴当事者の請求権が消滅した等）が存在する場合には，これを理由として「請求異議の訴え」と呼ばれる訴えを敗訴当事者が提起して争う方法がある（ただし，日本に裁判管轄があることが必要である）。

　①の方法により争う場合，既に述べたとおり，中国やインドネシアの裁判所による判決であれば，訴訟手続や判決内容を個別に検討することなく，上記(2)(iv)の要件を欠くと主張することができるが，それらの以外のケースでは，いずれかの要件を満たさないといえる事由の存否については個別の検討が必要となる。

Q43 仲裁判断の執行

> 仲裁判断において当社による金銭支払請求が認められたにもかかわらず，相手方が支払いを履行しない場合，仲裁判断の内容を実現するにはどのような手続が必要なのか。逆に当社が仲裁判断で支払いを命じられた場合，強制的に財産を回収される事態を止めることはできるか。

A

仲裁の相手方の財産が所在する国において仲裁判断の執行手続を行うべきである。具体的な手続は各国の法令によることになるが，日本を含め，ニューヨーク条約に加盟している国においては，基本的に仲裁判断の正本や認証済みの謄本の提出といった簡素な手続のみで執行が可能である。

他方，支払いを命じられた仲裁当事者が仲裁判断を執行されないためにとりうる手続も存在するが，これが認められるのは例外的な場合に限られる。

(1) 仲裁判断の執行

相手方が仲裁判断の内容を任意に履行しないときは，相手方の財産が所在する国において執行の手続をとることによってその内容を実現する必要がある。訴訟の場合には，ある国で出た判決を別の国で執行することは，各国の法制度上必ずしも容易ではないことが多い（Q41・Q42参照）。これに対して，仲裁の場合，仲裁判断を各国において執行するハードルは格段に低いといえる。これは，仲裁判断の外国における執行に関して定める「外国仲裁判断の承認及び執行に関する条約」（いわゆるニューヨーク条約）が存在し，2020年2月現在では我が国を含め162カ国もの国が締約国となっているためである。

ニューヨーク条約に加盟する国は，条約上の義務として，仲裁判断の正本や認証済みの謄本の提出といった基本的な要件さえ満たされれば，基本的に外国の仲裁判断を執行しなければならない。

このように仲裁判断の執行が容易であるという点が，紛争解決手段として裁判ではなく仲裁を選択することの最大のメリットであるともいえる。

(2) ニューヨーク条約の締約に際して留保をつけている国

ニューヨーク条約には，いくつかの事項について留保をつけて加盟することができるとされており，特に，以下の2つの留保をつけて加盟している国が少なくないため，留意が必要である。

(i) 相互承認留保

ニューヨーク条約に加盟する国の領域においてされた仲裁判断についてのみ承認・執行するという留保である。

この留保をつけて条約に加盟している国は少なくない。日本のほか，中国，アメリカ，シンガポール，インドネシア，ベトナム，インド，フランス，イギリス，ギリシャなどの国もこの留保をつけている。

またインドは，この留保に加えてさらに，インド政府が認めた国を仲裁地とする仲裁判断しか執行を認めない運用をしている。そのため，インド国内に財産を保有するなど，仲裁判断が出た場合にインドにおいて執行を求める可能性がある海外企業との間の仲裁合意では，インド政府が認める国を仲裁地として選択するよう留意しなければならない（ただし，イギリス，シンガポール，香港など，仲裁地として著名な国は原則として認められている）。

(ii) 商事仲裁留保

自国の国内法により商事と認められる法律関係から生じた紛争の仲裁判断の承認・執行についてのみ承認・執行するという留保である。

この留保をつけて条約に加盟している国としては，中国，アメリカ，インドネシア，ベトナム，インド，ギリシャなどがある。

なお，日本企業と外国企業との間で生じた紛争であれば，通常は商事紛争に当たると考えられるが，対価を得て技術ノウハウを提供する契約や，リゾート

施設建設のための設計に関する契約が商事性に欠けるとされた事案もあり，執行が予想される国における商事概念次第では，非商事紛争とされるリスクもないわけではない。

(3)　仲裁判断を執行されないためにとりうる方法

　仲裁は基本的に1回限りの手続であるため，裁判における控訴・上告のような不服を申し立てる制度は用意されていない。

　ただし，仲裁が終結した後，仲裁判断を取り消し，または，執行不許可事由を主張することによって仲裁判断の執行を免れることができる場合がある。

(i)　仲裁判断の取消し

　仲裁判断を下された当事者は，仲裁地の裁判所に対して異議を申し立てて，仲裁法が定める取消事由があることを理由として仲裁判断の取消しを求めることができる。

　取消事由はニューヨーク条約のほか，各国の仲裁法によって定められている。基本的に，仲裁廷の事実認定や法の解釈等に不満があるといった理由では仲裁判断の取消しは認められず，仲裁手続の基礎的要件を欠くような重大な事由がある場合にのみ取消しが認められる。ただし，国によっては事実上取消事由を緩やかに認めるところもある。

　日本の仲裁法に基づく仲裁判断の取消しの場合，以下のいずれかの事由があることが必要である。また，仲裁判断の通知がなされてから3カ月以内，かつ，仲裁判断の執行前に申立てを行わなければならない。

①　仲裁合意が当事者能力の制限により効力を有しないこと
②　当事者が仲裁合意に適用法として合意した法令（指定がないときは，日本法）上，仲裁合意が，当事者の能力の制限以外の事由により効力を有しないこと
③　申立人が，仲裁人の選任手続または仲裁手続において必要な通知を受けなかったこと

④　申立人が仲裁手続において防御することが不可能であったこと
⑤　仲裁判断が，仲裁合意または仲裁手続における申立ての範囲を超える事項を含むこと
⑥　仲裁廷の構成または仲裁手続が，日本の法令（その法令の公の秩序に関しない規定に関する事項について当事者間に合意があるときは，当該合意）に違反すること
⑦　申立てが，日本法上仲裁合意の対象にできない紛争に関するものであること
⑧　仲裁判断の内容が日本における公の秩序または善良の風俗に反すること

(ii)　仲裁判断の執行拒絶

　仲裁判断が取り消されず，相手方から仲裁判断の執行が申し立てられた場面においても，所定の執行拒絶事由があると認められる場合には，執行機関においてその申立てを却下して執行を拒絶することができる。取消事由と同様，ニューヨーク条約や各国の仲裁法により，仲裁判断の執行拒絶事由が置かれている。日本の仲裁法上は，上記(i)①～⑧の各事由に加え，以下の事由が執行拒絶事由となる。

⑨　仲裁地国（仲裁手続に適用された法令が仲裁地国以外の国の法令である場合は，当該国）の法令によれば，仲裁判断が確定していないこと

　これらの事由のうち，上記(i)①～⑥または上記⑨に該当する事由の存在を理由とする執行停止は，執行の申立てを受けた当事者がその事由を証明した場合に限り認められる。

索　引

〔編著者紹介〕

飛松　純一（とびまつ　じゅんいち）

外苑法律事務所　パートナー弁護士
1996年　東京大学法学部卒業
1998年　弁護士登録（東京弁護士会）
2003年　スタンフォード大学法律大学院卒業
2004年　米国ニューヨーク州弁護士登録
2006年　森・濱田松本法律事務所パートナー就任（～2016年）
2010年　東京大学大学院法学政治学研究科准教授就任（～2013年）
2016年　飛松法律事務所（現・外苑法律事務所）開設
2020年　公益社団法人日本仲裁人協会理事・事務局長
主要著作：
『訴訟弁護士入門』（共著，中央経済社，2018）
『国際商事仲裁の法と実務』（共著，丸善雄松堂，2016）
『M&A法大系』（共著，有斐閣，2015）
『（ジュリスト増刊）実務に効く国際ビジネス判例精選』（共著，有斐閣，2015）
ほか多数

金丸　祐子（かなまる　ゆうこ）

森・濱田松本法律事務所　弁護士
2005年　慶應義塾大学大学院法学研究科（民事法学専攻）修了
2006年　弁護士登録（第二東京弁護士会）
　　　　森・濱田松本法律事務所入所
2012年　University of California, Los Angeles, School of Law卒業
2012年　Rajah & Tann LLP（Singapore）勤務（～2013年）
2013年　ニューヨーク州弁護士登録
2013年　住友電気工業株式会社法務部勤務（～2014年）
2018年　慶應義塾大学大学院法務研究科非常勤講師（～現在）
主要著作：
『資本業務提携ハンドブック』（共著，商事法務，2020）
『The Third Party Litigation Funding Law Review 3rd edition―Japan Chapter』（共著，Law Business Research Ltd.，2020）
『International Comparative Legal Guide to：International Arbitration 2020―Japan Chapter』（共著，Global Legal Group，2020）
『働き方改革時代の規程集』（共著，労務行政，2019）
『International Comparative Legal Guide to：Enforcement of Foreign Judgments 2019―Japan Chapter』（共著，Global Legal Group，2019）
『Q&A　改正個人情報保護法と企業対応のポイント』（共著，新日本法規出版，2017）

〔著者紹介〕

山本　光洋（やまもと　あきひろ）

外苑法律事務所　弁護士
2012年　首都大学東京（現 東京都立大学）都市教養学部卒業
2014年　東京大学大学院法学政治学研究科法曹養成専攻中退
2015年　弁護士登録（第一東京弁護士会）
2016年　森・濱田松本法律事務所入所
2017年　飛松法律事務所（現 外苑法律事務所）入所
主要著作：
『実務コンメンタール労働基準法・労働契約法（第2版）』（共著，労務行政研究所，2020）
『早わかり！ ポスト働き方改革の人事労務管理 現場の悩み・疑問を解決するQ&A125問』
（共著，日本加除出版，2019）
『詳解 働き方改革関連法』（共著，労働開発研究会，2019）
『ドローン・ビジネスと法規制』（共著，清文社，2017）

李　未希（り　みき）

外苑法律事務所　弁護士
2011年　大阪大学法学部卒業
2014年　早稲田大学法科大学院卒業
2015年　弁護士登録（第二東京弁護士会）
2016年　牛島総合法律事務所入所
2018年　飛松法律事務所（現 外苑法律事務所）入所

海外取引の「困った」に答える
企業法務の初動対応Q&A

2020年7月15日　第1版第1刷発行

編著者　飛　松　純　一
　　　　金　丸　祐　子
発行者　山　本　　　継
発行所　㈱中　央　経　済　社
発売元　㈱中央経済グループ
　　　　パ ブ リ ッ シ ン グ

〒101-0051　東京都千代田区神田神保町1-31-2
電話　03 (3293) 3371 (編集代表)
　　　03 (3293) 3381 (営業代表)
http://www.chuokeizai.co.jp/
印刷／㈱堀内印刷所
製本／侑井上製本所

© 2020
Printed in Japan